良品条件マネジメント
品質指向のTPM

長田 貴
Osada Takashi

推薦のことば　　　　　　　　　　　　　　　　　　　　　4

第一部　本編（良品条件マネジメント）

第1章　良品条件マネジメントの考え方と仕組みや制度　　9
　1.1　ものづくりの経緯と良品条件の必要性　　　　　9
　1.2　不良ゼロを達成するための基本となる考え方　　13
　1.3　良品条件という言葉の誕生　　　　　　　　　　18
　1.4　良品条件マネジメントの仕組みや制度　　　　　21

第2章　良品条件への取組み　　　　　　　　　　　　29
　2.1　良品条件の定義と構成マトリックス　　　　　　29
　2.2　主要良品条件　　　　　　　　　　　　　　　　32
　2.3　付帯良品条件　　　　　　　　　　　　　　　　36
　2.4　品質Bについて　　　　　　　　　　　　　　　40

第3章　加工点への取組み（設備研究から加工点研究へ）　43
　3.1　加工点の定義と重要性　　　　　　　　　　　　43
　3.2　加工点と設備の分離（加工点の構造図）　　　　50
　3.3　状態（事実）の把握　　　　　　　　　　　　　53

第4章　良品条件解析のアプローチ　　　　　　　　　57
　4.1　良品条件解析アプローチの考え方　　　　　　　57
　4.2　良品条件アプローチの手順　　　　　　　　　　61
　4.3　良品条件アプローチの演習（巻末に演習事例を掲載）　66

第5章　生産（設備）と良品条件の関係　　　　　　　67
　　5.1　品質と生産システム設計　　　　　　　　　　67
　　5.2　良品条件と管理標準　　　　　　　　　　　　74
　　5.3　自主保全・専門保全と良品条件　　　　　　　78

第6章　製品品質と良品条件の関係　　　　　　　　　83
　　6.1　品質と良品条件の関係（4パターン分類）　　83
　　6.2　トレーサビリティ保証と絶対値管理　　　　　88
　　6.3　不良ゼロの確立（技術データの蓄積）　　　　92

第二部　事例編

　　2.1　活動事例　　　　　　　　　　　　　　　　　101
　　　　事例1　マイクロ抵抗溶接の開発と爆飛不良ゼロ化　　101
　　　　事例2　孔明け加工入口バリゼロ化　　　　　112
　　　　事例3　超精密加工と刃具寿命延長　　　　　121
　　　　事例4　設備保全による歯形うねり手直しゼロ　132
　　　　事例5　自主保全による樹脂微粉除去と異物不良ゼロ　141

　　2.2　演習事例　　　　　　　　　　　　　　　　　154
　　　　シャープペンシル芯折れの良品条件解析　　　154

まとめと今後の課題	164
振り返ってみれば	170

推薦のことば

　この度、長田貴先生が『良品条件マネジメント』という著書を出版されました。TPM（Total Productive Maintenance）に関する著書はすでに多く見かけますが、このように究極の品質問題を解決するために，良品の観点からの理論（もっと言うと哲学）を記した著書は寡聞にして知りません。さらに、その方法論と多くの事例を関連付けた内容は、長年多くのものづくり企業においてコンサルタントとして活躍されてきた長田貴先生ならではのものだと思います。

　長田貴先生がこの著書を執筆および出版されるきっかけは、私と共通の恩師である元慶應義塾大学の川瀬武志先生による後押しがあったからです。長田貴先生が1985年と1997年にTPMに関する著書を出版され、自動車や半導体などに関連する多くの企業を長年にわたって指導され、その間に方法論が構築されて多くの事例が収集されてきました。そこで、両先生が1年間にわたって議論した後、日本設備管理学会に技術論文として「良品条件追求型の品質マネジメントの提案」を投稿および掲載されました。さらに、この方法論と多くの事例をもっと世の中に広めてものづくり企業を支援するために川瀬武志先生から出版の提案があって実現しました。

　近年のものづくり企業では、急激な市場競争と需要変化への対応するために高度な製品技術や製造技術が求められていますが、

頻繁な品質問題の解決とそれに伴う原価の上昇が問題となっています。このことは従来の後手型品質対応ではこの問題に対処できないことを意味しています。そこで、この著書では固有技術と管理技術を融合した根本的な良品を作り出す先手型品質対応を目指して、不良ゼロを達成すべき理論と方法論として「良品条件と加工点」という考え方とその実践のための手順が提案され、それを実践した多くの事例が掲載されています。

　この著書は、品質問題を解決して理想的なものづくり現場を志向する多くの企業に関連する方々に多大な示唆を与えるものです。また、IE（Industrial Engineering）を主体とした改善技術の開発に従事している私が所属する大学でも研究のヒントを与えていただいています。このように、多くのものづくり企業や大学などの研究機関に所属する方々に大きく貢献するものと確信しております。

2024 年 7 月
青山学院大学　理工学部　教授
松本　俊之

―文字の使い分けについて―
　この本では「ついきゅう」という言葉が何度か出てきますが、良品条件は追求、原因は追究を使用します。ちなみに、辞書には追及と追求と追究の漢字があります。

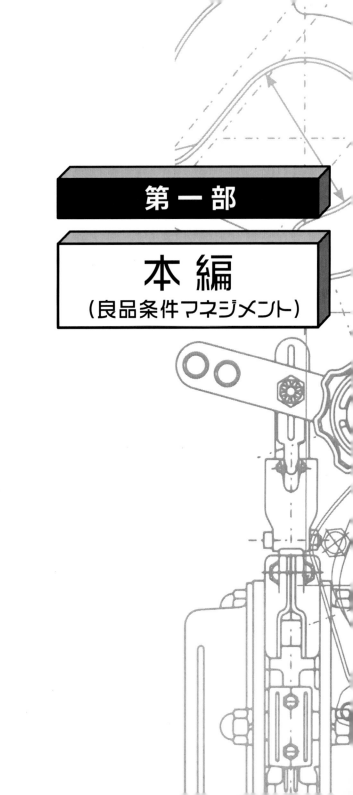

第一部

本編
（良品条件マネジメント）

第1章
良品条件マネジメントの考え方と仕組みや制度

1.1 ものづくりの経緯と良品条件の必要性

　ものづくりの歴史は、人が道具を作り、使うことから始まりました。そして、動力ができ、機械や設備が発明されました。それらの進歩は、連続性や繰り返し性、高速化や自動化などを可能にし、一方で、製品個々の属性に対する要求が高まるに従って、ものづくりでは機械や設備が主役となって大きく発展してきました。

　環境変化に伴うものづくりにおける生産システムと製品からの設備への改革要求を図1-1に示します。まず、図の左側で生産システムからの要求に合わせて、これらの設備が更に高度な自動化、直結化、複雑化などの負担が大規模になると、「故障停止」を原因とする経済的負担が大きな問題となってきました。そして、信頼性や保全性の研究が重要な課題となり、設備管理の中での設備

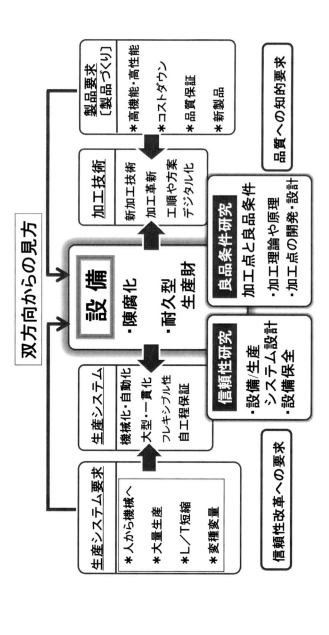

図 1-1 ものづくりにおけるから設備への要求

10　第 1 部　本編

保全の高度な研究が求められています。その究極の目標は「故障ゼロ」を達成することでなければなりません。

　次に図の右側の加工技術面で見ると、高度な製品技術の進歩や市場競争の激化が起こり、開発や立ち上がりの早期化が要求されています。その結果として、要求品質の達成と維持に直面しており、完成品の量やコストへの強い要求が品質意識を妨げています。生産原価と不良製品による損失の間にトレードオフの関係が成立してしまい、不良品の発生は必要悪とする場合があります。ここに設備管理マネジメントと製品品質管理マネジメントの二面性が存在し、「故障ゼロ」の上にもうひとつの究極の目標「不良ゼロ」の達成が求められます。

　製造業におけるものづくりでは、最適な生産システムと最適な加工技術を構築しなければなりません。生産システムには信頼性の研究が必要であり、加工技術には品質を満足するための良品条件の研究が必要です。今の設備課題としては、加工技術だけでなく生産システムにおける品質の信頼性も含めて、品質問題が優先して取り扱われるべきと考えます。

　設備管理の二面性について説明しましたが、ここでは触れていないもう一つの柱があります。それはライフサイクルコスト（設備一生涯の費用）と言われている費用についてです。費用には取得費と維持・運用費があります。設備投資には、大型投資をするのか小規模投資を繰り返しやっていった方がコスト面で得かどうかを考える事です。設備投資額は能力2倍でも2倍かからず、30

％安くなり、また大量生産はコストが安くなります。しかし、需要がなくなれば役に立ちません。需要に応じて能力を拡大してゆく方が安全です。維持費については、動力やエネルギーおよび保全費用などが発生し、取得費より運転や維持費の方が大きい場合があります。ある企業では製品専用に作られる一体の金型を外型と内型を分け、内型だけを製品別交換であり、寿命交換するという消耗型の構造に設計変更しました。

　ここでTPM（TotalProductiveMaintenance）の説明をします。その一つは、設備における一生涯の管理です。設備の企画や設計段階、生産や運転段階、保全や改造段階、再生や廃却段階とそれぞれの段階でやるべきことがあります。その中でも、生産や運転段階におけるロスをなくす活動が一番大きく重要で、良品条件マネジメントはここに焦点を当てています。

1.2　不良ゼロを達成するための基本となる考え方

　従来から、製品品質については固有技術の進化を重ね、一方で品質スタッフは品質管理方法の研究に従事してきました。JIS、QC、ISOやQS9000など、品質保証の管理システムが次々に導入され、より精細で緻密化したものになりました。一方、現場のものづくりは極限加工が要求され、例えば半導体は超微細化要求で、たった1個のコンタミや異物をも嫌う現場を限りなく要求しています。半導体技術とは洗浄技術であると言っても過言ではない位です。ここでは品質管理のレベルでなく、良品条件をもとにしたものづくりそのものの考え方や発生防止、維持の方法などについての発想の転換が問われています。また溶接加工で加工条件を決める場合、電圧変動の大小により加工速度や品質精度などで圧倒的に差が出ます。現在、世の中で動いているものづくり改革では、このような基盤となる要素こそ、強く安定した状態が必要なことです。

　このように要求が厳しく、かつものづくりが難しくなる中で不良ゼロを目指すには、漠然とした取り組みでは達成できません。基本的な考え方を整理し、その姿勢を持って取り組むことです。ここでは4つの基本の考え方を説明していますが、これには異論や反論が起こるかもしれません。また実務上では、皆が振り回されたり、自信を失ったり、途中で挫折したりします。皆がこのような強い気持ちを忘れずに取り組むことです。それには良品条件

という切り口であり、手段が必要だと思います。

（1）1個ずつ良品をつくる

　本書では生産過程にある加工物を1個単位での管理対象とし、製品あるいは部品の良品度を追求することが主題です。従来の方法論は、統計学を中心にして発達してきた品質管理を主とした方法論であるため、「不良率」を評価基準として管理範囲をロット単位で把握しています。ここで不良が発見されると、個々の不良原因を追求して問題を解決するのではなく、品質向上による原価の低減度を効果と見なしているため品質優先の対策になりにくいです。

　全数良品が求められている現在の状況では、この考え方を変えて、1個ずつ良品を作ることが求められています。現在はデータで管理する時代になりました。昔はデータが取れないため、実験の結果から工程能力を把握し、守るべき条件を決め、管理していました。しかし、現在ではデータが1個ずつ取得可能です。しかも製品1個に対し、それを作っている工程ごとのデータがつながって集められ、1個ずつトレーサビリティ保証されるようになってきました。これまで人間があいまいな決定しかできなかった事が、AIを使うと不確実な事でもデータで示せます。

（2）品質技術の遅れはものづくりの陳腐化となる

　昨今は製品要求の変化に対して、設備やシステムの対応が追い

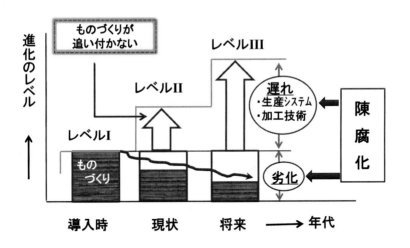

図 1-2　製品とものづくりの進化

付かない状況が起こっています。製品要求とものづくりの進化レベルの関係を導入時と現状と将来の時系列に分けて図 1-2 に示します。導入時は製品の要求に合うレベルでものづくりの主役である設備やシステムが設置されるが、時間が経つとこの劣化問題が発生します。ここでは設備の保全による回復や更新により元の性能を取り戻すことになります。これにより、一つの陳腐化は回避されます。一方、新しい製品の品質や原価の要求に対しては、システムや技術が遅れるという事態が起き出します。この陳腐化は、要求品質やコストが満足できなくなるだけでなく、即使い物にならないという事も起こりえます。待ってくれません。生産設備は

第 1 章　良品条件マネジメントの考え方と仕組みや制度　15

耐久型生産財といい、一つの製品だけでなく、製品変化に応じて次々と対応すべきものなのです。

　この2つのことを設備やシステムの陳腐化と言います。特に製品品質に対する技術の遅れは品質問題を起こし、また将来に渡っても続くため、積極的に設備やシステムの改善や改造をしなければなりません。しかし、現実の生産においては、陳腐化から脱皮をはかるような改善案は、小手先の小改善で先延ばしされる傾向にあります。これを設備費用の分類から見ると、加工・組立て型の企業では保全費は1〜5％位であり、それ以外は刃具費や金型費用及び治工具の改善や改造及び新製品投資費用などとなりますが、会社の中では経理用に費目分類されているため、分かりにくくなっています。

（3）良品条件追求による不良ゼロは未然防止活動として完成させる

　故障ゼロを保証するためには、再発防止型の活動だけでは不十分であり、未然防止型の活動に考え方を変える必要があります。設備故障に対して予防保全をするように、品質不良ゼロについても同様の活動をしないと、不良ゼロの継続にはなりません。安全におけるハインリッヒの法則では、1件の事故に対し300件のヒヤリハットがあり、未然防止の大切さを証明しています。たとえ不良がなくても加工点1個毎には品質におけるヒヤリハットが沢山あるはずです。結果の品質が良かったから良いのではなく、も

のづくりとしては、いつかは発生する可能性のある箇所が分かる事の方が大事なのです。

（4）品質追求は原価追求に優先する

　企業においては原価と品質を扱う担当部門は別ですが、先ず品質を最優先に追求するというのが良品条件マネジメントの主張する点です。この大原則に基づいて、究極の品質問題を先に論ずることが結果的に究極的な原価追求に通ずると考えます。不良ゼロを達成すべき理論と方法論として良品条件と加工点という考え方とその実践のための手順を提案し、これらを適用した事例を紹介します。

1.3　良品条件という言葉の誕生

　良品条件追求型アプローチの経過を説明します。

　従来は、開発した製品の加工に対し生産技術部門が最適な工法や加工条件を決めて、品質管理部門が管理方法を決めていました。しかし、これだけの手順では製品品質をつくり込み、保証するのは困難でした。実際の現場では品質は設備を通して作られており、この設備が加工条件を作り、保証しているのです。そこで、本当に品質を良くする活動として具体的に設備にアプローチすることが始まりました。そこでは、部分的アプローチではなく、加工原理を理解し、その観点から設備に関するあらゆる要素を詳細に調査し、そこで見つかった問題を微欠陥と呼び、徹底的に対策する方法に切り替えられてきました。その結果として、品質や生産性向上に素晴らしい成果が出ました。その後、これが論理的に整理され、新しい手法としてまとめられてPM分析となっています。

　一方、設備管理専門家による品質への取り組み方を説明します。基本的に、設備は加工原理に基づいた構造を持ち、その性能や精度管理が決まっています。品質問題が発生すると、設備がメーカー品である場合、メーカーは製品のことが分からないため、設備の図面と取扱説明書を提出するだけでそれ以上は深く関与してきませんでした。一方、設備保全メンバーは設備の分解やオーバーホールなどで品質問題に対応するのが精一杯でした。

　そこで、TPMで品質保全が提唱されました。品質問題にも予

防保全的な考え方をすることによって、不良の発生を未然に防ぐことができるはずであると考えます。そのため、設備（M）と品質（Q）のつながりを積極的に調査分析する方法として、M-Q分析が考案されました。これにより、設備の構造や各機構と品質をつくり込む条件や測定などとの関係を図表に整理し、よく理解できるようになりました。そして、分析だけでなく維持管理するため、品質に影響を及ぼす設備部位を品質コンポーネントと指定し、予防保全活動を推進しました。多くの品質コンポーネントが管理されましたが、究極の不良ゼロを達成する理論も効果も不足していました。

　振り返ってみると、設備側からのアプローチだけでは不十分でした。製品品質と設備は直接繋がるものではなく、そこにギャップがあります。それを繋ぐものとして加工理論に基づいた加工条件が必要であり、品質のバラツキを抑えて安定させるための基本条件を設備や治工具等によって保証する事が必要でした。その後は、この基本条件の方がどんどん重要度を増して来て、この両方を合わせて「良品条件」と呼びました。もうひとつは、生産現場には沢山の基準や標準類がありすぎ、品質に的を絞った基準や標準を集約する必要性が出てきました。そして、良品条件と加工点という言葉が「ものづくり改革のためのTPM」という著書に掲載されました。現場管理の仕方で良品条件は変化してしまうものであり、その保証のためにも5Sや自主保全とか技能教育などは最重要テーマとなっています。

さらに良品条件で不良ゼロを達成するという考え方が、本当に有効かどうかを確認しました。そこで、機能が明確で図面化（構造や寸法）されていて、故障ゼロの条件が決めやすい設備故障を取りあげ、設備部品ごとの故障ゼロの条件を作り、総点検し不具合や微欠陥の排除で見事に故障ゼロを達成しました。設備故障と品質不良の複雑さや難しさの違いはあるとしても、この考え方は間違いなく有効であることが確認できました。次に良品条件の横展開可能性の確認です。一つの事例で作り上げた良品条件をまとめて標準化し、他の製品やラインでの同一または類似の不良に対して適応可能かを確認しました。結果は同一の成果が出るものがほとんどで、有効性が認識できました。

　今までの品質保全を更に発展させるためには、不良の原因追究型から、良品をつくる加工技術の追求型に変わる事です。重要なことは、加工原理を表す加工点構造とメカニズムを理解すると共に、加工理論に基づき理論通り成立する為の、良品条件の構成と定量化を追求する事だと分かりました。

1.4　良品条件マネジメントの仕組みや制度

(1) 良品条件マネジメントとは

　工程品質は加工技術の結果として表現されます。そのためには、技術としてのレベルの高さと安定的に継続するための管理の仕組みが必要です。

　しかし、本当に良品だけをつくり込むには、さらに深化した良品条件を追求する必要があります。工程と設備が良品しか作れない工程の加工条件や設備条件を良品条件と呼びます。近年は技術のIOT化やインターネット化で誰でも知識を得られ、同時に可視化やデータ化が進み、統計を使わなくても1個ずつ良品状態と良品条件が瞬時に見えるようになってきました。従来から、問題解決には三現主義で事実を正しくつかむことが大切であると言われますが、これらのツールにより実現しつつあります。製品を直接見なくても良品条件で品質をつくり込み、先手管理で保証できる時代が来ました。まさに良品条件マネジメントで科学的管理ができるのです。

　設備がものづくりの主役となった現在は、設備を切り口とした攻め方に変えていかねばなりません。前節で示した通り、品質を先手対策型で保証するために、良品条件の追求と保全管理技術が有効であることが明確になりました。

　これを基礎として図1-3を説明します。左の品質管理は、その基本原理や原則に基づく管理体制やシステムを構築してゆく大事

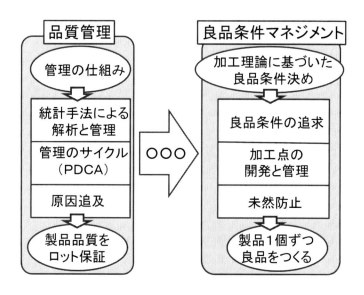

図 1-3 品質管理と良品条件マネジメント

な活動です。この詳細は専門的な活動があるのでここでは省きますが、デジタル化や可視化などを駆使しながらさらに発展してゆくと思います。

　一方、ものづくりの極限化が要求される時代になってきました。極限加工には3つの方向があります。

　1つ目は半導体のムーアの法則のように技術革新が激しく、品質規格が一気に厳しくかつ作り方も難しくなり、新しい作り方と良品条件追求が必要とされています。

　2つ目は超高速化とか直結一貫ラインや自動・無人運転化およ

び各種の一発加工（金型による冷鍛とか樹脂やアルミ成形および同時多色一回塗工など）では、良品条件の一つのミスも許されない厳しい生産方式になることです。

　３つ目は従来にはない難加工点が製品上に幾つも点在する場合です。大型で極薄板化するシート圧延や多成分配合材料とか車のボデー形状などもデザイン上からくる複雑な形状が多くなり、難加工点が製品面上に点在します。難加工は客先の要求であり、現在のものづくりはここから逃げているようでは成立しません。

　まさに今の時代では、この良品条件を追求した良品条件マネジメントの考え方を採用すべきだと考えます。これを良品条件マネジメント制度と呼ぶことにします。その内容は加工理論に基づいた良品条件を決め、製品１個ずつ良品を作ることを目指します。その為には徹底した良品条件の追求が必要であり、積極的な加工点の開発とその管理および微欠陥１つも許さない未然防止活動が必要となります。

　我々は今まで問題解決のためにいろいろな技術を積み上げてきました。原因追究、可視化やIOT、デジタル化、自主保全、管理標準など。しかし良品条件にすべて帰結します。良品条件がないと周辺を探っているだけで本質に入っていけません。しかも、厳密で緻密な良品条件が必要です。

（2）良品条件マネジメントの全体図

　良品条件マネジメントはそれだけで独立するものではなく、多岐にわたります。これを支え運用してゆく仕組みやシステムとして構築し、実施しないと定着しないしまた成果も上がりません。これらの活動を体系的に整理し、良品条件マネジメントの全体図にまとめました。良品条件マネジメントの全体図（**図1-4**）を中心に説明します。この図は3区分に分けています。中央では良品条件の枠を示し、左側に良品条件を支える生産の仕組みの枠があり、右側に品質と良品条件の関係や管理方法を示す枠があります。

　ものづくりで加工技術が成立する骨組み（構成）は、理論的には良品条件のマトリックスで表わされ、物理的には加工点とその構造図で表わされます。それぞれの骨組みを理論理屈に基づき、体系だって解明してゆくことが重要で、理解し、強くなる為には一番近道になります。

　中央の良品条件の説明は、主要良品条件と付帯良品条件の定義やそのマトリックス構成および良品条件解析のアプローチを示しています。

　左側の活動は3つあります。

　左側の1つ目は生産の管理システムで、品質問題に対しどのような仕組みを作ったら良いか説明しています。生産の極限加工になるとトラブルが怖いわけで、これに対応した品質を含む生産システムを信頼性の高い仕組みに作ることが一番重要なことになります。その為には発生防止が一番良い事ですが全部ができるわけ

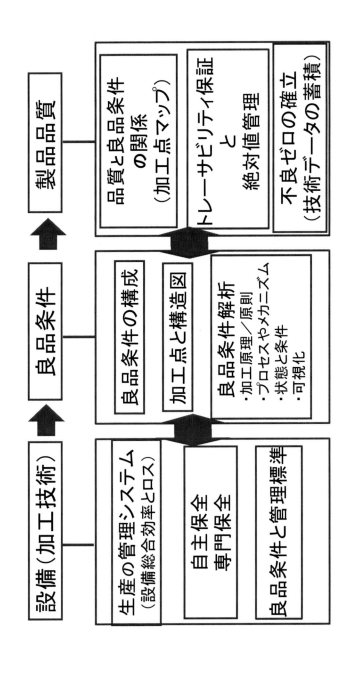

図1-4 良品条件マネジメントの全体図

第1章 良品条件マネジメントの考え方と仕組みや制度

ではなく、現実には異常を早く検知し、早く復帰する仕組みを作る事です。

　左側の2つ目は、良品条件に対し現場で実際に管理する仕組みや方法を考える必要があります。現場では良品条件を知らなくても仕事の管理ができるように、管理標準を作成しこの標準の教育をして仕事を任せます。しかし良品条件が満足できなくては意味がないので、加工理論や良品条件も教える事が必要です。

　左側の3つ目は設備保全活動です。設備が停止する問題より、品質問題は設備の劣化や性能低下が影響しやすいものです。また製造で設備の日常管理すべきことは、ほとんど品質に関係する内容であり、まさに自主保全活動が大事な理由です。

　右側の活動は、製品品質との関係で理解して進める必要があります。

　右側の1つ目は、製品は加工点の集まりと考え、その加工点毎の品質と良品条件の関係で考えます。そこでは、従来は良品条件の崩れがあっても不良にならなければ良いとしていましたが、それはむしろ、不良が発生する可能性が十分にあると考えることです。良品条件が微欠陥状態であるときに、製品不良が発生していなくても、未然防止活動として行動しなければなりません。また加工点毎にその難易度が違い、崩れやすく維持管理がしにくい重要管理部位があると考える事です。

　右側の2つ目の枠内は2つあります。最初は品質のトレーサビリティ保証です。従来の品質管理では、結果の品質を見なくて

も工程能力が安定していれば、その工程の品質は保証されると考えていましたが、これはデータが取れなかった時代の話です。現在は工程毎に、良品条件と結果の品質が定量値で出せるようになっています。極端には、材料のロット毎の特性値に合わせて、製品にピッタリの良品条件を設定して作るようになってきました。しかもそれが大変なことではなく、また特別大きなサーバーを必要とせずできるようになっています。つまり、工程能力の安定度で保証するのではなく、製品一個毎に、各工程と品質がデータで繋がったトレーサビリティ保証ができるのです。

　次は絶対値管理です。生産の1個ずつが数字で把握できるようになってきました。まさに工程能力管理から、1個ずつの絶対値で管理できる時代になりました。製品として組み立て調整が厳しい部品では、客先から一個ずつ絶対値の数値を出してくれという要望も出ています。

　右側の3つ目は不良ゼロの技術確立です。従来の品質データは管理データとして集約していました。全体の傾向をつかむにはこれで良いのですが、ここでは良品条件で良品を作り、不良は出ないという技術論を確立する事です。特に現在の極限加工ではここから入ってゆくことが重要です。

　理論と運用に於るポイントを述べましたが、多岐に渡るため、分かりにくいところがあるかも知れません。また、全部が必要な訳でもありませんが、理解はしておく必要があると思います。

　この活動ではみんなが技術論に興味を持つようになります。そ

の点では最近はインターネットが情報を知る便利な道具として使われてます。基本の理解から応用例や各社の具体的な事例、果ては質疑応答まで入ってます。インターネットで調べる事が面白くなり、そればかり集めて発表したり、調べたら自社の事例があったとか。みんなが加工技術に強い関心を持つ体質に変わってゆく気がします。

第2章

良品条件への取り組み

2.1 良品条件の定義と構成マトリックス

(1) 品質と良品条件のマトリックスおよび品質Aと品質B

　品質と良品条件の関係を図2-1に示します。品質を2つの状態に分けて考えます。

　品質Aは目的とする機能や性能を満足する状態を示し、それは品質規格が達成できているかどうかで判定します。

　品質Bは、品質A以外の不良や欠陥がない状態を示し、不良や欠陥があれば品質不良と言います。多くの場合、不良なき事と指示されることが多いものです。例えば、異物付着、キズ、変形とか焼けや割れなどは品質Aの機能や性能を満足していても発生します。

　品質Aと品質Bは同じ加工点で発生するものであり、この中での良品条件の追求が必要です。

要求品質は品質Aが中心であり、先ず品質Aを作りこむ良品条件を説明します。

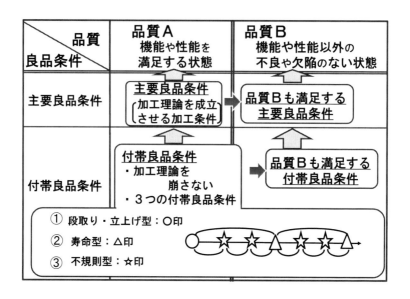

図 2-1 品質と良品条件のマトックス

（2）良品条件の役割と定義

次に良品条件の分類を、その役割で2つに分けて考えます。

第1に「製品機能や性能を保証する」役割です。これは加工技術を基にして加工条件を明確に実現し、維持することにより、加工理論を成立させ、絶対に不良品を作らないことを約束する事です。

第2に「生産環境の安定を保証する」役割です。段取り条件を

正常に維持する、工程設備を劣化から守る、不規則性に対処するなどです。これにより、上記で成立した加工理論の崩れをなくし、加工のバラツキを望ましい範囲に抑え、絶対に不良を作らないことを約束する事です。

　良品条件の１つ目を「主要良品条件」と呼び、次のように定義します。「特定の製品を対象として不良ゼロの工程を設計するために、意図する工程が持つべき特性の全てを技術的に正確に記述したもの」を主要良品条件とし、同種の品質特性を持つ工程範囲を単位として区切り、良品状態を検討し、この工程単位を広げていきます。

　良品条件の２つ目を「付帯良品条件」と呼び、次のように定義します。「特定の工程に対して主要良品条件は全て満足しているが、生産現場においてそれを実現可能にするため、付帯的に必要なものがない状況を作ること」を付帯良品条件とします。

　「主要良品条件」を単に「主要条件」と呼ぶことがあります。また「付帯良品条件」を単に「付帯条件」と呼ぶことがしばしばあります。そこで、主要良品条件を以下から主要条件、付帯良品条件を以下から付帯条件とします。

　良品条件は基準であり、そのままでは管理できないことがあります。実際の現場で維持管理ができるよう事前準備や一発芯出し治工具とか測定方法などを工夫し、また管理標準としてまとめておくことが必要です。

2.2　主要良品条件

　まず品質Aの機能や性能を満足する場合を中心に説明します。
　ここでは製品が求める機能や性能を満足するために工法を決め、この加工理論を基に、加工理論が成立するよう加工条件とその範囲を設定し管理しなければなりません。求める品質特性と条件の関係では、実験計画法などが有効な手段となり、工程能力管理で保証されます。しかし、これだけでは無理な場合があります。例として、主要条件である加工条件は、1サイクル毎の条件設定とその安定が必要です。例えば、細穴ドリル加工の電力曲線やロー付け加工の温度曲線またはネジ締めのトルク曲線などの波形を1サイクル毎に見ると、必ずしも理論通りの形でないことがあります。これが品質問題を起こすのです。主要条件の構成は加工開始から中間そして終了までを1サイクル内のプロセスとし、最適な状態になる加工条件を設定しなければなりません。そして、この状態や条件がモニタリングなどの可視化技術により分かるようになってきました。
　また加工スピード2倍とか加工精度2分の1などと要求が厳しくなると、これまでの良品条件の基準では、バラツキが大きく影響して使えない場合があります。基本の理論や原理は変わらなくても、基準を厳しくするかバラツキの小さい工法や工程設計などを考慮することが必要です。
　ここで熱処理の事例を紹介します。まず図2-2で品質Aについ

て、主要良品条件の理論を説明します。例えば水なら1気圧下では100度で沸騰し、零度で凍ります。熱処理なので必要な温度曲線を決めることが必要です。欲しいのは価値を生む反応ゾーンの熱量であり、ここでは高温での反応時と冷却時の2ゾーンがあります。必要な熱量が確保できるように熱源の容量や安定性および保温や冷却の維持などを工夫することが必要です。この温度曲線は製品ごとに設定が必要です。また、熱量比率が違っているとか熱伝導が悪い材質などの場合は、昇温時に一度均熱ゾーンを経てから最終温度ゾーンへと分けて、安定した状態にすることは技術的によくやる手法です。この図では温度を昇温、均熱、反応と工程分割しています。冷却も同じように考える場合があります。

　実際の温度曲線では**図 2-3** のようなバラツキが発生することがあり、3つの例を示しています。

　aの曲線は立ち上がりから反応ゾーンまでの温度が低く、反応ゾーンで目標温度に達しておらず、反応不足となっています。

　bの曲線は最初から温度が高すぎて、反応ゾーンでの温度が高くかつ長すぎて過剰反応が起きています。

　cの曲線は特に冷却過程が理論からズレており、未反応や別の材質に変わる恐れがあります。

　このように主要良品条件の設定では理論を理解し、実験計画などで緻密に実証し、主要良品条件を正確に設定することが大事です。

　その後はバラツキがないように考えねばなりません。これには主要良品条件のバラツキと付帯良品条件のバラツキがあります。

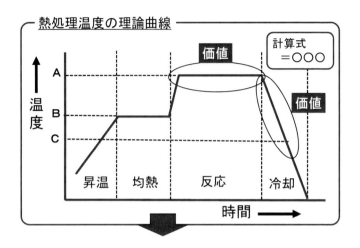

図 2-2 品質A　主要良品条件の理論

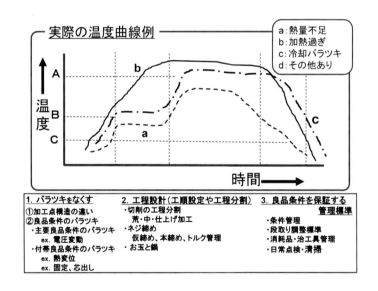

図 2-3 品質A　実際の温度カーブ

例えばメッキ加工では電流が端部に集中するため、製品の端部のメッキが厚くなります。これを考えた電流の流し方や治具の工夫が必要です。また電気関係では、電圧が非常安定な状態や電流波形に乱れがあるとか、更には初期突発電流の発生予測なども入れておかないと、加工理論が安定しません。製品形状で見るとシート状の製品は部位別にバラツキが起きます。実際の現場ではこのような配慮が必要です。

　しかし理論が成立する主要良品条件が設定できても、付帯条件の設定が十分でないか、または付帯条件そのものの維持ができずにバラツキを作っている場合があります。

2.3　付帯良品条件

　特に最近の、一発成形や高速加工及び無人運転化などの極限加工では、良品条件ギリギリにものづくりをしているため、付帯条件のちょっとしたバラツキが、たとえ主要良品条件が安定していても加工理論を崩す場合あり、品質のカギとなります。例えば、炉内雰囲気の安定には循環ファンの回転状態が大事であり、ロー付け加工では微弱な風が吹けば毛細管現象がバラツキを起こし、高精度加工には設備や金型の温度管理が欠かせません。つまり良品条件の一つのバラツキも許されなくなってきます。加工原理に基づき設定した主要条件で要求品質をバラツキなく成立させるために、主要条件以外で守るべき位置決め、芯出し、清浄度や温度変化などを付帯条件と呼びます。

　この付帯条件は2つの品質に影響を与えます。例えば、切削加工の付帯条件である加工治具の摩耗や緩み、変形などは、たとえ主要条件が正しくてもワークと刃具の当たり点がバラツキ、良品状態を維持できなくて加工精度など品質Aの悪化を起こすし、品質Bとしてのキズやバリ、変形などを発生させます。

　付帯条件は主要条件の状態をばらつかせない役割であり、基本的に加工に対する準備や段取りの事ですが、その管理のやり方が要で、3つに分けて考えます。その発生状況は図2-4の付帯良品条件の分類に示します。

　その1つ目は、段取り立上げ型です。図2-4の左側、つまり加

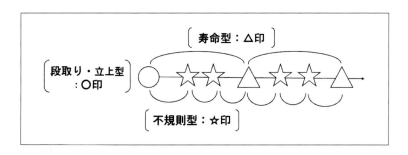

図 2-4 付帯条件の分類

工開始前に、主要条件通りに良品が作れる状態にすることで、準備段取りや調整作業として行われています。一般的にどんな仕事にも準備や段取りがあり、段取り8分（仕事の80％は段取りで決まる）と言われるくらい重要なことです。

　これは製品の切り替え時に多く発生し、製品別の基準に基づき位置決めや芯出しなどを行います。基準が細かく決まってない場合や治具の変形や計測の道具がない場合などは調整に頼ることが多くなります。温度管理は不安定なものであり、電気系は立ち上がり時に電流波形が乱れやすいものです。

　休憩後や設備停止後および設備修理後の立ち上げ時なども問題が発生しやすく、段取りと同じことと考えてください。また調整して製品を作ってしまうと、勘やコツで定量化ができず、再現性がなくなってしまうので注意が必要です。調整は調節へさらに一定化へと進化させるとか、測定治具やテストピースなどで事前に良品状態を確認しておくのも良い方法です。段取り立ち上げの究

極は一発良品加工です。

　注意点は、段取り立ち上げの条件は、その後も毎回、一個ずつ加工する度に安定して保証されなければならない点です。例えばワーク固定の振れや温度管理などは毎回一定である必要があります。

　その２つ目は、寿命型です。これには長寿命なものとして、生産量や時間などを基準として寿命が決まる設備があります。まず静的精度管理や動的精度管理は基本ですが、同様に加工条件を作り出す制御機器や設備ユニット毎の機能・性能は設備保全管理で保証しなければなりません。また寿命の短いツール類では、加工数と製品変化量との関係を求め、劣化摩耗の基準を決めて寿命として交換します。この寿命型で一番の問題は治具や金型です。新品としての図面や基準はあっても、必ずしも劣化状態と品質との関係は整理されてはいません。問題が発生してから新品と交換するのではなく、品質と劣化状態との関連を把握した計画的な予防保全が必要です。また強度とストレスの関係を分析し、寿命を延ばすなど理論や技術面から深く理解するのが良いことです。

　その３つ目は、不規則型です。加工の最中に不良が不規則に発生する可能性があります。突発的とか散発的に発生し、累積されるとは限らないし、また微欠陥状態が残っていても必ずしも発生する訳ではありません。これは安全のヒヤリハットの領域で、因果関係が理論的に十分説明できないことが多く、良品条件としては日常のこまめな管理で防ぐ程度で、流出防止として製品検査に頼ることが多くなります。実は不良ゼロを狙うためにはこれが一

番重要なテーマであり、従来はもぐらたたきのような対策が多かったが、最近は各社で科学的アプローチに基づいた事例が発表されています。冷却不足による温度上昇での寸法変化、溶接ワイヤーの酸化膜による溶接不安定や高速研磨における砥石周りエアーでの研削液不安定など、幾つもの優秀事例として紹介されていますが、まだまだ取り組むべきテーマは沢山あります。

2.4 品質Bについて

　品質Bの不良は、品質Aの機能や性能が満足していても、また良品条件が安定していても発生します。この不良は不良なき事と定義され、不良が発生しないような良品条件が決まっているわけではありません。ただ不良なき事と指示されます。そこでは不良発生の原因追究が中心となってしまい、この攻め方では原因分析をしても収束していかない恐れがあります。

　この問題はもともと品質Aを作る同じ加工点で発生している事象であり、加工原理や理論はあるわけで、科学的に追求しなければなりません。品質Aを満足しながら、かつこの不良が発生しない主要良品条件を求めるか、または付帯良品条件で不良発生の可能性を除去する方法を考える必要があります。

　ここでは切削の事例を紹介します。この**図 2-5** で分かるように、状態は内径加工時に刃具へ切粉が巻き付き、品質Bのキズ不良や溶着不良の現象を発生させていました。この事は現物で事実確認ができています。外形切削加工の切粉は外へ飛散すれば問題がないことが多いですが、内径切削は、内部へ切粉が入り排出が難しく、かつ刃具に巻き付いたりします。人がいれば作業中に管理できますが自動化すると難しくなります。

　いま持っている良品条件は、内径品質Aを作るための条件であり、この良品条件は守られています。つまり製品側の事は考えているが、品質Bに影響する切粉巻き付きについては良品条件を考

> **内径切削加工時に発生**
> 現象：内径の加工面に溶着や傷が発生
> 状態：長くてカールした切屑が発生し刃物に巻き付く。そのまま加工すると
> 　　　切屑を内面の加工に持ち込み、材料と刃具の間に入り溶着や傷が付く。
> 　　　ただし品質Aの良品条件は守られている。
> **主要良品条件で研究する事：**
> 　　刃具に巻き付かない細分化した切屑を作るために良品条件を決める。
> 　　品質Aの主要良品条件の範囲内で決める。
> **付帯良品条件で研究する事：**
> 　　刃具に切粉が巻き付かない工夫や、
> 　　巻き付いた切粉を除去する方法
> 　　を工夫する。

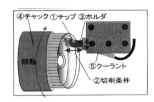

図2-5 品質Bの例

えていないという事です。そこで巻き付かない切粉を作る主要条件を決めるか、巻き付いても除去できる治具などの付帯条件を工夫するか、検討が必要です。

　今回は主要条件の、巻き付かない切粉の作り方です。各種の実験を繰り返しながら微細切粉の作り方を試行し、**図2-6**の理論式を構築して最適な刃具と切削の主要条件を決めることができました。実際にはビデオで現状を把握し、一方では刃具メーカーと相談しながら改善を進めてきました。ビデオでは改善前の切粉巻き付きと改善後の1回目および2回目と可視化をし、進化してゆ

く状況をしっかりと把握できました。他にも多くの類似事例があります。例えばプレスのスクラップ分離や除去および溶接のスパッタ飛散などは必ず発生しており、加工技術論のテーマとして取り上げる事が必要です。

切粉厚さとカール径の理論式算出

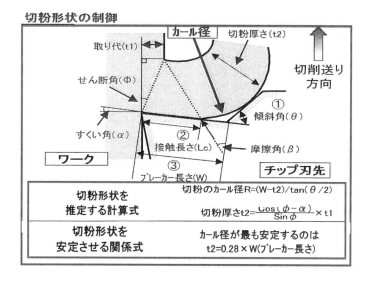

図 2-6 微細切粉の作り方理論

第3章

加工点への取組み
（設備研究から加工点研究へ）

3.1　加工点の定義と重要性

　加工点とは、工程の部分であり、その範囲で特定の品質が決定される点であり、そこでの加工技術が明確に成立する点です。その範囲で設備機能や性能を定義するものですが、加工点は必ずしも点だけではありません。金型などのダイセットやロール設備ユニットのように設備構造上のある範囲（ゾーン）として表されることもあります。

(1) 加工点絵図
　加工点を絵図で可視化したものを図3-1に示します。これらは一般に多く使われている加工です。加工点の図とともに、簡単に注意すべきポイントを、順に説明していきます。
　・上段の左図は切削加工です。材料に刃物が入り、下の製品部

と上の切粉部に分断されます。切粉の微細化やパーマネント化などその処理の仕方を研究しなければ問題を起こす時があります。これはスクラップや取り代とかバリなどと言われ、あらゆる加工に発生する事です。

・次の図は混合です。丸いタンク内に液体や粉体などを入れ、回転式や異形状のプロペラで撹拌する、どこにでもある簡単な構造です。しかしこの過程で目的とする重要な加工をします。例えば混合するとか、均一な分散や粘土を高める事とか又は化学反応を起こすなどです。プロペラの構造や枚数、回転の制御などの条件だけでなく、温度や圧力、空気の巻き込みなど重要なコントロールが必要ですが、一番遅れている分野です。これは開発過程が実験室のビーカーを使った小型の実験から来るため、材料から製品になるまでの反応プロセスと現場の大量生産の工程プロセスの実態がうまく合わないことが多くあります。

・上段の右図は砥石研磨です。ワークを砥石に当てて研磨し、製品を作りますが、精密加工のため、一般的にはクーラント液のクリーン化や砥石の目詰まりなどが問題になります。しかし高速加工になると、砥石の外周に付いて回る空気の層が厚くなり、クーラント液を掛けても空気をカットできず、ワークが直接に砥石に当たり、焼けて、火花が出ます。当然不良が発生します。砥石まわりのエアーカットが重要なテーマです。

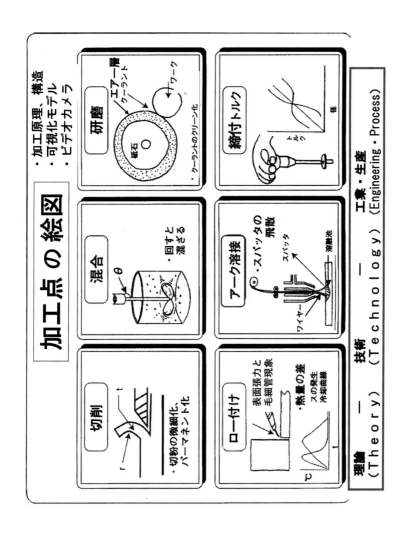

図 3-1　加工点の絵図

・下段の左図はロー付の例です。ロー材を溶かし、材料のスキマに、毛細管現象と表面張力を使って瞬間に浸透させ、結合させる工法です。電気を使うハンダも同じです。ここでは、材料の温度管理が重要です。特に厚さが違うとか、比熱の違う材料とかの状況では気を付ける必要があります。

・次の図はアーク溶接です。溶接には発熱源として、ガスや電気やレーザーなどがありますが、ここでは電気でワーク間にアーク放電を飛ばして発熱させ、溶かして接合する例です。金属を溶かしたときに溶融地などから金属が飛び散り、溶融金属が減るとか又はスパッタ飛散となります。これは接合力の問題だけでなく、スパッタの飛散がいろいろな問題を引き起こします。

・下段右の図はボルト締め付けによる締結です。締結部位により締め付け力が変わり、ボルトの太さや長さや締め付け道具で一定の締め付け力が出るようになっています。しかしこれを人の作業でやるとばらつきます。そのため必ず技能訓練をやり、人の能力を安定化させます。この時良品条件として締め付け力だけでなく、付帯条件である締め付け道具の芯ずれや直角度も一定の範囲に入るよう訓練する必要があります。

　各加工点には加工理論（Theory）があり、それを具体化する方法や手段である加工技術（Technology）を開発や選択し、ものづくりを実現するための工業（Engineering）として設備や加工点構造を完成させなければなりません。

（2）加工技術と加工点

　ものづくり技術は、製品技術→加工・設備技術→生産・運転→保全という技術の流れとして繋がっています。製品づくりには良品条件が必要であり、その為には加工点が重要なカギとなりますが、この設備の中に加工点が隠されています。良品条件は加工点の中で、初めて品質目的を考えた主要条件と付帯条件が決定されて実行されます。良品条件は加工点研究と結びついて初めて具体的な議論ができるようになります。

（3）実際の設備の加工点

　ところが実際の設備では加工点という言葉がなく、また加工点と設備の区分もできておらず、設備図面上でも実物でも分かりにくいものです。図3-2に樹脂成型機の写真を示します。これは分かり易い形の設備の例です。真ん中の透明な部位に金型が入っていて、加工点のゾーンを示し、その周りにいろいろな機能を持った各設備ユニットが組み合わされて設備の形を作っています。各機能別にユニットの設備設計がされていて、その構造も図面で表されます。故障が起これば図面に基づいて分解調査され、保全されます。しかしここでは各設備ユニットがどんな役割の機能を持っているかが大事であり、この機能が製品加工をするための良品条件になります。この良品条件という機能や性能を保証するために設備保全をするという考え方をしなければなりません。

　一般に設備図面は一体構造で書かれていて、立体図ならともか

図 3-2　樹脂射出成型機

く、平面な図面を見ても、現物を見ても加工点と設備ユニットが区別しにくいものです。この樹脂射出成型機の構造は、金型を中心とした型締めクランプユニット、射出ユニット、材料供給ユニット、金型温度調節ユニット、製品取り出しユニットからなっています。

　このままでは良品条件と設備条件が混在してしまう恐れがあります。そこで設備から加工点を抜き出し、分離して考えることが必要です。

加工点の可視化はいつも最大のテーマでした。過去からカバーレスやカバーの透明化およびミニチュアモデルを作るなどしてきましたが、現在はビデオやシミュレーション化ができ事実が分かり、問題の解析が一気に進んできましたが、これは加工点から物を見るという事です。新幹線のドクターイエローはその最たるものです。線路のゆがみや架線の摩耗などを連続して診断する点検用車両です。

3.2　加工点と設備の分離（加工点の構造図）

（1）加工点の構造図を描く

　良品条件を構成する主要条件と付帯条件は実際には把握しにくいものです。この良品条件の構成を知るためには、加工点の描き方が大切です。設備の構造上から見ると、加工技術を完結させる加工点と、それを取り囲むサブシステムとしての各種の設備ユニットに分けられます。この各設備ユニットが加工点の良品条件を出します。ここでは設備ユニットを設備図面のように細かく見る必要はありません。このとき加工点は加工の状態を表し、ここでの良品状態と良品条件がカギとなります。普通、設備ユニットの数は5～7ユニットあり、それぞれが主要良品条件や付帯良品条件を出しています。

　加工点の構造図の例として、アーク溶接の事例を図3-3に示します。図の左側にはワークを中心に4つの設備ユニットがあり、右側には加工の原理や理論式および良品条件が書いてあります。

　設備ユニットはワークを位置決めや固定する治具ユニット、狙い位置や角度及び溶接の軌跡を決めるロボット、ワイヤーやガスユニットはアークを出し溶融池に供給するワイヤー供給ユニットと酸化防止のガス供給ユニットからなります。電源・制御ユニットは主要条件である電流などをコントロールします。

　加工点の構造図の表現におけるレベルとしては設備ユニットの名称程度で十分です。この設備ユニットを細かく描くと際限があ

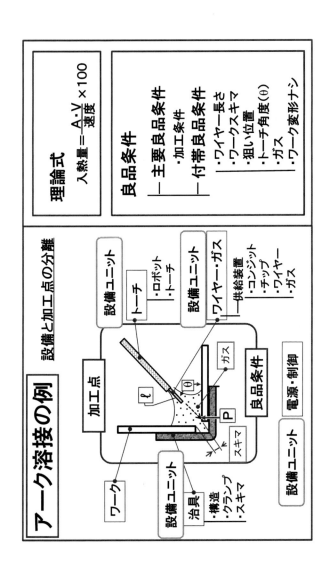

図 3-3　加工点の構造図

第 3 章　加工点への取組み（設備研究から加工点研究へ）　51

りません。設備ユニットの電源や制御は、加工技術の理論通りに主要条件をつくり、基本的には他の設備ユニットが付帯条件を作って、加工点に供給しているのです。こうすると付帯条件が分かりやすくなるので、このように加工点の構造図を描く事が大切です。

（2）設備の分類とそれによる加工点の違い

各設備はそれぞれの加工技術を持っており、この加工技術をもとに加工点で製品を作ります。この設備と加工点の関係は大きく3つに分けられます。まず、汎用機タイプです。これはプレスや樹脂成型機のように、設備としては基本の加工技術を持つのみで、個別の製品ごとに新しい加工技術や良品条件を含めた加工点として金型等の別ユニットを作る必要があります。次に、加工専用の汎用機タイプの加工機です。これは切削や研磨など加工技術ごとに設備が分類されています。個別製品ごとに加工点で良品条件を決めれば多品種に対応できますが、このタイプの弱点は、加工点と設備の境があいまいになりやすいものです。さらに、製品別専用機タイプです。これは始めから個別製品の加工・組立てなどの専用機になり、設備とか加工点という意識がなく作られている場合が多いです。設備の専門メーカーはなく、相談しながら制作されるためノウハウが社内に残りますが、加工技術では他社と比較ができず、遅れとなる可能性があります。

3.3　状態（事実）の把握

（1）加工点の可視化

　状態の事実をつかむこと、これが全ての出発点です。よく図解でトク（なっとく・わかる）と言われますが、事実をつかむ重要性から、現地・現物・現実という3現主義が叫ばれてきました。しかし実態は、事実を見ずに見たような報告が多いものです。過去の設備管理の中でも、カバーレスや透明カバーおよび極小カバーなど、事実を見るために現場的な工夫がいろいろされています。またプレスや樹脂成型では、実際の加工順序で良品と不良品の現物を並べるなど工夫して、事実を把握してきました。またミニチュアモデルや透明モデルで実際に加工するなどのデモンストレーションをやってます。

　さらに最近は各種可視化の道具が出現し、高速ビデオやサーモビデオ、ドライブレコーダーなどでは、人間の観察では到底できないところまで可視化が進んできました。更に各種の解析やシミュレーション技術も発展し、検討段階で最適な良品条件が選定され、試作評価が出来ています。これらの事により問題解決が一気に進んできました。それはDXやIoT（Internet of Things）の言葉で、Real（実在を）・On time（瞬時に）・Visual（可視化）を狙い、第4次産業革命とまで言われています。

(2) 状態と良品条件

　良い状態を作れば良い製品ができる。その良い状態を作るために良品条件が必要です。このとき2つのパターンがあります。

　切削加工のように、品質規格が寸法や精度で測定でき、切削条件も寸法を決める条件で設定できる場合は、良い状態と良品条件が同じ寸法精度で表される近い関係にあるため、分かり易くなります。ただ高い要求品質のため、たった一つのバラツキも許されないという厳しさはあります。

　一方、熱処理や化学的変化により製品品質が決まる場合では、結果の状態や化学変化とこれを作るための条件が、全然違ったパラメータになります。両者をつなぐものは加工理論のみとなり、理論が成立する条件を決める事と、何度も反応を確認し、プロセスや条件を検討してゆく丁寧さが重要です。例えば化学反応では、混合や圧力および温度や真空度などの条件を、タイミングの合った、精度の高い同期化したコントロールが必要になります。

　図3-4にアーク溶接の事例を示します。図の上段は加工プロセスやメカニズムで、下段には良品条件が書いてあります。プロセス毎に5つの状態が表されています。1コマ目は加工開始前の段取りです。次は加工開始の立ち上がりで、品質問題が発生するのはこの時が多いものです。溶接では突入電流が発生する可能性があります。3コマ目は溶接中で、標準で設定してある条件はほとんどがこの状態を指示し、安定した状態となります。次に終了準備ですが、ここではピンチという電流切り離しのやり方が大事で

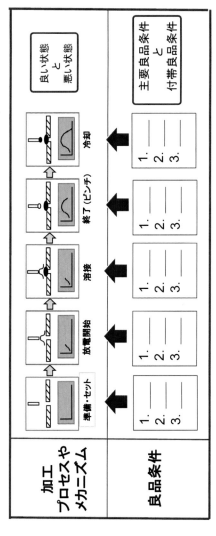

図3-4 状態(事実)の把握

す。電流波形が崩れると切り離しができず、溶着不良となる場合があります。ここには設備側の技術として、メーカーでも改善が進んでいます。最後は冷却で、肉厚が厚い時は冷却不足による不良が発生することもあり得ます。このように、プロセス毎に状態は変わり、不良が発生するチャンスがあり、そのプロセス毎に良品条件も変わる可能性があるのです。

　状態は、良い状態と悪い状態の比較ですが、必ず良い状態と比較する事が大切です。悪い事の調査や分析ではなく良品条件の追求なので、どこのプロセスで良品条件が崩れたか、良い時とどこが違っているのか等を見分ける事です。

　ここではこの状態と良品条件を把握したいわけですが、それには手書きでコマ図にすると良く分かります。新聞漫画は4コマで完結します。動画を見ながら手書きで書くと事実をよく見るので、そのポイントがきちんと捕まえられます。特に、難加工時の良品条件を見る必要があります。図の下には状態を見る手段の例が書いてあります。

第4章

良品条件解析のアプローチ

4.1 良品条件解析アプローチの考え方

　ここでは前述の良品条件と加工点を基に良品条件アプローチの考え方を説明します。

(1) 原因追究から良品条件の追求へ

　不良が発生するとすぐに原因の調査や分析に走りたがります。原因をで深く掘り下げれば真の原因にたどり着けるかどうか分かりません。不良ではなく、加工理論に基づいた良品と良品条件の追求をする事です。
　加工技術は良品を作る研究であり、まず要求品質が決まっていてそれを満たすための良品条件を決めています。またこれが結果的には原因と言われることになるかも知れませんが、良品条件が崩れているのか、基準が違うのか、それともまだ不足している項

目があるのかを追求するという事です。あくまでも、良品条件が品質づくりの骨組みを構成しているのです。

　また、品質は加工技術を追求する事から始まります。加工理論に基づき品質規格を満足する良品条件は加工条件表や管理標準になっています。ですから品質問題はまず加工技術や加工点の整理が必要です。そして良品条件の整理をしてから良品条件の崩れ、つまり不良の原因を調査をすればよいわけです。原因追究とは加工の原理や加工点の構造及びプロセス毎の良品状態の確認とその良品条件を決めてゆくことにほかなりません。このように理論的に良品条件を追求しながら、なぜその良品条件が維持できないのか、又は基準が違うのかなどの原因調査や解析は必要です。

　そこで、品質不良の問題を2つに分けて考えてみます。

　その1は、原因分析をしなくても、良い状態が図面や基準などの形で分かっていて、劣化部位などを元に復元すれば良くなる場合です。これは良品条件が分かっているからできる事です。いま持っている、良品を作るための良品条件や管理標準を使い、点検し劣化復元をするのはこのためです。悪い事ではなく良い事の研究です。

　その2は、原因分析をしても、簡単には真の原因にたどり着けない原因不明の場合です。なぜなぜ分析のなぜの回数を増やし、分析の深みを増そうとしても整理にはなるかもしれないが、真の原因にたどり着けるかは不明です。この場合は原因を追うのではなく、良品条件を中心にものごとを考えれば良いという事です。

(2) 原因でなく微欠陥をなくす

　ここで品質と良品条件の関係を考えてみます。良品条件の中でも、特に付帯条件が崩れても必ずしも全てが不良にはなりません。この場合は良品条件の微欠陥（または異常や不具合）状態と言われます。しかしここで不良がないから問題がないという訳ではありません。むしろ微欠陥がまた微欠陥を呼び起こすとか、それぞれの微欠陥が重なり相乗作用を起こすなどにより不良の原因となっていくと考えるべきです。安全問題でも、事故は一つの原因ではなく、幾つかの異常や不具合が重なって起こると言われています。ハインリッヒの法則にあるヒヤリハット（微災害）で言えば、1件の事故に対し300件のヒヤリハットがあると言われています。

　微欠陥のうち直接不良に結びつく場合は数％しかないが、確実に不良をゼロにするには、良品条件の一つひとつを異常や微欠陥のない状態にすることです。

(3) 良品条件から見た工程設計を考える

　一般に工程設計には工程分割か統合かが議論されますが、良品条件を考える上では工程を分割して考えるとわかり易くなります。機械加工ではまず最終の仕上げ加工の良品状態と良品条件を決めておき、これが成立するよう前工程を工順設定していきます。また工程を分け、不安定な準備段取りやスタートアップなどの付帯条件とか、バラツキを取るための荒加工や前工程は、本工程に入れず加工前にやっておくように考えると安定した本工程ができま

す。短い1サイクルの中でもこのように考える事です。1サイクルの中にも細かいプロセスが一つずつあるという事です。たとえ工程が増えても安定した生産状態がつくれます。また液体や粉体は循環加工の概念が多く、直ぐにフィードバックしますが、一方通行で、自工程で完結させ、後戻りしない仕組みを考えると良い工程設計ができます。また良品条件ができると、製品1個単位毎に全工程をつなげたトレーサビリティ体系で保証ができるようになります。

（4）良品条件により科学的アプローチを習得する

　管理標準を決め、守る事は大事ですが、問題が発生したときに標準に戻せば原状復帰ができたとしても、真の問題解決になるかどうかは分かりません。管理上の問題ではなく良品条件で議論すると、全員が加工技術に基づいた理論的な見方や考え方の共通認識ができ、成果が上がるだけでなく人材育成になります。何故という問いは技術を理解するという事に他ならないからです。

4.2　良品条件アプローチの手順

　長年懸案となっている慢性問題や高難度な要求という課題は、思いつきでは解決できません。このような問題は手順を追って、飛ばさずに一つずつ着実に実践することが結局は早道となります。すぐに原因を追究するのではなく、良品条件を軸にして、手順に従って理論的に追求していく事です。

　その進め方を良品条件解析シートで説明します。これは前半の**図 4-1** 良品条件の設定までと後半の**図 4-2** 良品条件の管理による不良ゼロの達成までの 2 つに分かれ、7 つの手順で構成されています。

　まず、前半の良品条件の設定に関しての詳細説明です。

　手順 1 は製品の理解と不良現象の把握をします。一般的には不良率や現象別パレート図で書かれますが、後に詳述する品質マップを作ると後で役立ちます。それは、ここで製品の話から離れられます。これ以後は全てものの作り方を詰めていく話になるので、この段階から製品は加工点の集まりであるという事と、製品には良品部位と不良部位という加工点に差異があることを分かっておくことです。

　手順 2 は加工原理や理論式および加工技術の理解をすることです。ここではアークガス溶接の加工点であるトーチ構造とその理論式を説明しています。世の中の自然現象は全て中学校の理科の本にあると言われていますが、できるだけ基本に基づき、簡潔に

表すことです。

　手順３は加工点の構造と加工メカニズムで、加工の状態の事実をつかむことです。現物で材料から製品になるまでの変化を見るとか、高速ビデオやドライブレコーダーまたは温度や圧力などのモニタリングなどを使い、良い状態と悪い状態を知ることです。ここは既に加工点の状態（事実）の把握の頁で説明しました。簡単に結果が出るわけではありません。手間を掛け、時間を掛け、

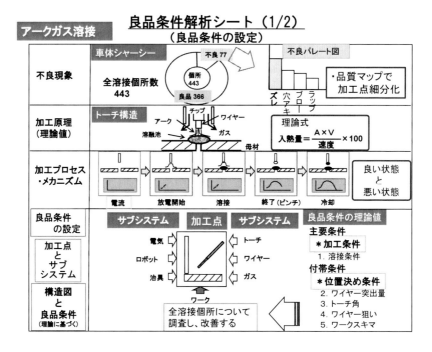

図4-1　良品解析シート（良品条件の設定）

いろいろな手段を駆使して初めて見えてきます。人間は五感の内、視覚による認識が圧倒的に強いと言われているくらい重要です。

手順4は良品条件の設定となります。ここでは加工点の構造図を描きながら良品条件の項目を洗い出し、調査や実験をして基準を決定するまでです。良い状態と悪い状態は良品条件のどこが違うのかを調べることが目的であり、良品条件を決める事です。

主要条件は製品別に決められますが、付帯条件は類似加工で共

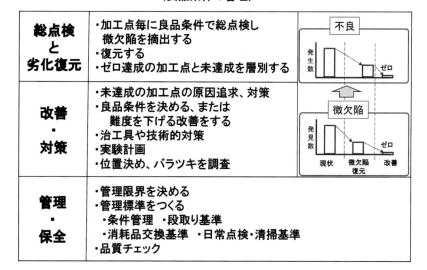

図4-2 良品解析シート（良品条件の管理）

通項目が多いものです。最初は基本的な項目を決めるところからで十分です。生産しているなら現場には管理標準があり、先ずこれを使って基本の良品条件項目を決めていきます。困難加工点で変わる良品条件は、最初からは決まりません。これは後半の良品条件アプローチで顕在化されてきます。

　後半の良品条件の管理に関しての詳細説明です。
　手順5は各加工点の全てで良品条件の総点検を行い、不具合や微欠陥を洗い出す事です。この事例では加工点総数が443加工点で、不良個所が77加工点ありました。良品条件項目を加味して総点検すると、良品条件総点検数は2658件になり微欠陥総数は658件（25％）摘出されました。
　手順6ではまず微欠陥や不具合個所などの劣化の復元をしました。これで微欠陥は176件と71％減り、不良も18加工点と77％減少しました。
　復元だけでは良くならない難加工点は、不良現象と良品条件の関係を何度も解析し、やり直しながら良品条件の追及をし、改善や改造を実行し、ゼロの達成まで仕上げました。
　手順7は維持管理や保全によるゼロの継続となります。その為には良品条件の管理標準や製造の日常点検表および専門保全がやる設備管理基準に基づいた活動が必要です。これらの活動は一度では完結しないので、必要に応じて何度も繰り返しやりながらレベルアップをしてゆくことが大事です。

上記では簡単に主要点を示していますが、現実には沢山の資料や実験データがあります。全てはこの手順に従ってやることにより、良品条件の確立において技術的にも素晴らしい事例が報告されています。

　この進め方で、ポイントは加工点の細分化です。不良対策はどうしても全体の効果で判断しますが、実際は加工点毎に発生状況が違います。不良の発生部位は、その加工点の良品条件が安定しないことが多いものです。昔は、設計ハンドブックに、やってはいけない図面や加工法などが載っていましたが、今は無理難題の加工が普通に要求され、やはり加工困難箇所になります。これには良品条件の追求が必要です。

4.3　良品条件アプローチの演習

（巻末にシャープペンシルの演習事例を掲載）

　今まで何度も良品条件の教育やセミナーをやってきましたが、一番評判が良いのがこの事例です。人間は頭で理解したつもりでも、実際に手足を使ってやった事でないと身近に感じませんし、身に付きません。直接、現場の事例に入ってしまうと、なかなか手法通りに進まず、手法が難しいと思ってしまいます。過去には何度も現場で質問を受けたことがあります。問題解決の手法は、活動をする人を助けるためのものですが、これでは反って遠ざけてしまいます。

　この事例は子供のころから身近にあり、回りの指摘で直しながら、何の違和感もなく普通に使っているものです。が、改めて手順通りやってみると、意外に理論的に整理できる事が分かります。また今までの活動が、手順を飛ばすとか思い付きが多い事などもよく分かります。更に、1つのテーマを通して何人かで議論しながらやると、他人の考えや意見も分かります。自社の事例で結構ですので、分かりやすい解決事例を手元に置いておく事を薦めます。

第5章

生産(設備)と良品条件の関係

5.1　品質と生産システム設計

(1) 生産システムのロスを把握

　自動化、高速化や無人化されたラインでは、1件の品質トラブルが大きな問題となります。このような生産を考えた時、どのようなシステムや仕組みに設計したら良いか考える事が必要です。TPMでは設備の効率評価には価値を基準とし、図5-1のように設備総合効率で表します。ロスとして6つの大ロスがあり、それぞれ停止ロスなら故障ロス、段取りロスであり、性能ロスではチョコ停や空転ロスとか速度低下ロスや取り数低下ロスとなり、品質ロスは不良ロスや歩留まりロスなどとなります。

　従来の問題解決法は、ロスを大きさだけで表し、全て平等に扱い、パレート図を書き、大きい順に重点指向で手を打つことが効率的と言われてきました。しかしシステム上ではこのロスに順序

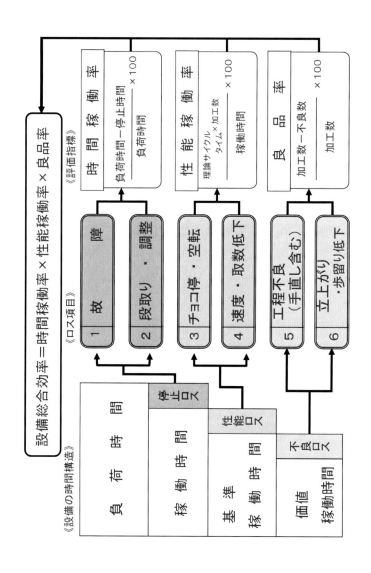

図 5-1 設備総合効率

関係があります。生産では故障停止や不良などのトラブルが一番困ります。例えば不良が発生すると、生産現場では流出防止や再発防止とか教育指導等の応急処置や緊急対策など、事後処理に追われて混乱します。そこでトラブルにならず、生産システムとしての信頼性を高める仕組みを考える必要があります。

(2) ロスを目的別に分類

そこで、ロスを**図5-2**のように事後ロス、事前ロス、未然防止ロスの3つに分け直して考えます。まず事後ロスはトラブルとして発生するロスのことで、システム上は絶対に許容できません。その為、たとえロスとしては発生しても絶対にトラブルにならないよう仕組みとしてロスを見直します。そこでトラブルにはならないが必要作業として発生する事前ロスと問題を発生させない未然防止活動に分けます。

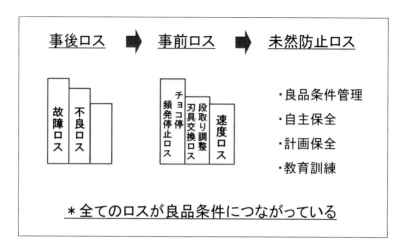

図 5-2 ロス考え方

（3）事前ロス

　生産の仕組みからくる最も多いのが、事前ロスですが、これは2つに分かれます。1つ目は不良になる前に異常で検知し、設備を止めて復帰するというチョコ停です。2つ目は不良を出さないために必要作業として行われている段取り作業や刃具交換及び清掃点検などです。これらは管理標準と扱われますが、実際は不良が出ないよう甘いところで管理していることが多く、事前ロスの扱いにしています。

①チョコ停（頻発停止）

　チョコ停は、不良が発生する前に異常で検知して止め、早く手を打つ仕組みです。例えばワークのアリ・ナシをセンサーで測定するとか、又は正しい位置でない場合は異常として止めることで

不良の発生を防げます。着座異常が起きないようにしているわけではありません。これをさらに進化させ、例えばセンサーで数値の変化量を見ることで、着座異常状態という未然防止活動ができるようになります。

　異常検知のチョコ停は、標準作業で安全にかつ短時間に製造内で復帰できる仕組みが必要です。以前はポカヨケやインターロックがありましたが、現在はセンサーが普及し、あらゆるところに導入されています。これはロスの中で一番大きく占めており頻繁に発生するため、一般には頻発停止と言われています。このように良品条件を異常検知の基準として生かすのが良い方法です。

②段取り調整ロス

　これは位置決めや芯出しとか刃具の振れ防止や金型などの暖機運転などで、立ち上がりから良品を目指す作業です。必要な作業ですが、調整や芯出しなどは個人のスキル差で大きく左右されるバラツキの大きい作業です。加工条件という主要良品条件に対し付帯良品条件の中で一番大きな要素を占めるほど重要ですが、停止時間ロスや立ち上がり歩留まりロスなどが発生するため、ロスという位置づけで改善すべきです。

　段取り作業は外段取り作業と内段取り作業に分ける必要があり、内段取りは設備停止時間です。段取り作業はできるだけ外段取り化しますが、残った内段取りには、治具や刃具の交換や芯出し調整作業、品質確認作業などがあります。段取りは朝一番に発生するものと製品変更時が多いですが、休憩後など、あらゆる立ち上

がり時に必要となります。

③刃具交換ロスや金型交換ロス

　これには突発交換と寿命交換があります。突発交換は不良発生を伴いますのでほとんどは交換時期を決め、寿命前に交換になります。ここでは製品品質を満足しているが、消耗品あるいは定期や定量メンテナンスなどとして管理されています。劣化や摩耗などが直接に品質に影響するため、どんどん早めに交換することになり、極端に寿命が短いものや、高額な刃物や金型などが問題になります。

④速度ロスや多数個取りロス

　これらのロスは隠れやすいロスです。生産では不良が出るとトラブルになるので、速度設定は不良が出ない程度に設定され、これを標準として管理されてしまいます。標準は守らなければなりませんが、どんどん遅くなりやすいものです。また類似製品でも加工難易度が違えば製品ごとに速度が違う事がよくあります。

　また品質が厳しくなると、切削加工の回数が増えます、同じようにプレスの工程数も増えます。しかしコスト削減にはこの回数を減らす必要があります。ものづくりでは良品条件追求で極限加工に取り組まねばなりません。

　このように、事前ロスはほとんどが製品品質に関係しており、見かけ上の不良という名前では見えなくなっていますが実際は沢山のロスがあるということで、事前ロスとして顕在化させて取り組むことが大事です。また事前ロスは無人運転や多台数持ちなどでは人作業が追われてしまうため、異常検知で早期復帰する仕組

みを作る事です。

　結局、生産の仕組みの作り方としては、トラブル防止に究極の未然防止が必要ですが全部防げるわけではありません。むしろ積極的に異常を検知する仕組みを作りトラブルなく早く復帰できる仕組みが大事です。

　設備のシステム設計では、シェアーピンや過負荷検知などで弱点部位を予め設計するとか、寿命の短いところは予備機器を付けるなどの冗長度を持たせた設計で大きなトラブルを防いでいます。設備だけでなく生産システムとしても加工の状態や良品条件を可視化し、モニターにして事前ロスで管理できる仕組みを作る必要があります。

（4）未然防止

　不良が出る前に、異常で顕在化して早く手を打つことは究極の発生防止ではありません。異常を検知したら次はこの異常の発生防止をしなければなりません。チョコ停は、次は必ず良品条件の追求をし、発生源からの対策をする事です。生産の仕組みでは、異常の顕在化と発生源からの未然防止の繰り返しが大事なことです。

　現場で管理標準を守る事が大事です。標準作業をするとか、自主保全や専門保全活動をする事は、問題を発生させない未然防止をするためにやっています。これは究極ですが、しかしこの中にもまだロスは含まれていますので、例え未然防止活動でもさらに改善が必要です。

5.2　良品条件と管理標準

　良品条件は加工理論が成立するための条件であり、それは状態や数字で表す基準です。しかし、忙しい現場では数字で管理できない場合が多くあります。そこで、現場で維持管理がしやすいよう芯出し治具や測定確認治具などの方法を考えるとか、マスターワークやテストピースなどを工夫し、それを管理基準として使用します。つまり、良品条件は絶対値の数字で表しますが、管理標準とするには、良品条件そのままの項目もありますが、良品条件を保証するために管理方法として工夫する必要もあります。

　良品条件と管理標準が違う事例を紹介します。抵抗溶接では、金属を溶融して接着するため熱量が必要であり、その理論式はQ（熱量）＝ I^2（電流）× R（抵抗）× T（時間）で表されますが、現場の実際の管理基準ではQ（熱量）＝ I^2（電流）× P（加圧力）× T（時間）で決められ、管理されます。この時、抵抗を測定する訳にはいかないし必ずしも測定できるわけでもありません。この時の加工点での抵抗部位は7つあり、加工点として発熱が欲しい部位は材料間のみです。加圧力が強すぎて変形し、分流などがないようにしなければなりません。更に発熱時の熱膨張や収縮で抵抗がばらつくため、加圧力追従が必要となります。ところが実際の発熱は、電極の酸化皮膜による通電不良や電線や各部位の取り付け部の緩みなどで加工点での各部位の抵抗が変わり、発熱量にばらつくことがあります。このように理論上の良品条件の言葉

が実際の管理標準と違う場合は、その理論を良く知る必要があります。

　管理標準は良品条件を管理するためなので、一般には図5-3のように4つに分かれています。例えば切削加工での主要条件は条件管理表としてまとめていて、加工条件や必要刃具などが書かれています。付帯条件は、段取り標準と刃具等の消耗品管理基準と日常清掃点検表に分かれています。各社の実態はこの様に分類・整理されず、管理標準が混雑しています。

　現場でよく散見されることは、設備や治具が劣化しているのに、現場のカンコツや調整作業で良品を作っていることが結構あります。この調整は人に伝わらず、しかも安定性がなく、さらに深みにはまってしまいます。ロボットのティーチングで調整すると機械原点に戻らないまま、例えば、摩耗したままで合わせ、調整し

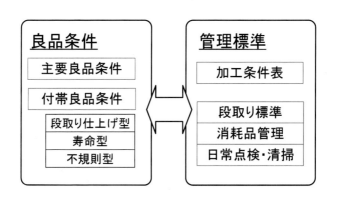

図5-3　良品条件と管理標準

てしまう場合もあります。良品条件の考え方を知っていないと大変なことが起きます。

　定量化できない場合は定性的な状態で管理します。樹脂成形で挿入部品のセット時、汚れや異物で挿入が固い時などは人のカンコツ作業です。ガス発生量が多い難加工材料は、金型のガス抜きベントの詰まりが多く、定量化しにくい条件です。オーバーメンテナンスを覚悟で清掃点検をすることになります。

　一方、電気関係は電圧変動や電流波形の乱れなどが発生する事があります。溶接での初期突入電流や終了間際の電流波形の乱れを防ぐには、条件設定や管理方法を工夫する事が必要です。

　バラツキを防ぐために、一番工夫しなければならないのは、治具の工夫です。加工理論が安定し、製造で簡単に間違いなく作業ができるよう治具を作らなければなりません。普通、刃具と治具は分かれますが、金型はこれが一緒になったものです。現場で治具のセットや寸法測定するのではなく、事前に治具セット化をして置くとか、一体で測定やセットができる総型のような治具で、良品条件が一発で決まるような工夫をする事です。

　管理標準は良品条件を理解するより、作業手順通りすれば良品が作れることが目的です。また管理標準の手順書は製造技術者かベテランが作るので、対象もある程度理解ができている人向けに作ります。また初心者用に作っていては標準書が分厚くなるため、現場に出すのはポイント中心になります。この状況では、現場が、管理標準を守っていても不良が発生してしまうという声が出てき

ます。そこでは異常処置を教えるだけでなく、加工理論や良品条件の考え方を教える必要があります。

　管理標準は紙だけではなく、具体的な道具として治具化が必要です。一発位置決め治具、マスターワーク、加工点確認、芯出し治具などです。最近はタブレット端末の画面表示で作業管理する方法も広がっています。

　ある現場で、管理標準を守っていても不良が発生すると言ってきました。現地を見てみると、その加工部位は加工困難部位に当たり、作業を注意深くかつ丁寧にやらねばバラツクところで、作業が早く不安定になっていました。不良発生を見ると、現物は大きく工程能力から外れています。ボルト締め作業での横締めや斜め締めではよくあることです。ワークセットの取り付けで芯ズレを起こして発生する事もよくあります。このように、特に付帯条件のバラツキは管理されていないことが多く、予期しないような不良が発生します。

5.3　自主保全・専門保全と良品条件

(1) 自主保全と良品条件

　品質は加工点の良品条件で作られます。そのために良品条件の設定や管理をしますが、ここが大事なポイントとなります。加工点構造図で説明したように、設備の形で言えば加工点は幾つかの設備ユニットで構成されています。しかも各設備ユニットがそれぞれ良品条件を出しているのです。つまり各設備ユニットの保全活動が実行されないと、良品条件の維持もできなくなります。製造の設備点検表は、安全や故障とか不良防止のためですが、その60〜70％は不良防止のために清掃・点検をしているのです。設備に強い人を作ることの大事さはここにあります。

　例えば、アーク溶接では良品条件管理としては、アークが発生するワイヤー先端位置のバラツキがないよう維持しなければなりません。この溶接ワイヤーの供給ユニットの構造（図5-4）は、ワイヤードラムからライナーチューブを通り、矯正機や加圧ローラーからコンジットチューブを、さらにトーチやチップまで7つの設備要素を経て通電され先端から放電アークが出ます。良品条件としてはこのアーク発生の位置と加圧ローラーの圧力による送り出し量の管理が必要です。その為にはこの7つの部位は全て保全活動をしておく必要があり、中でも自主保全で保証しておかねばならない事が多くあります。自主保全は専門保全ではなく、設備の点検や管理をすることより、異常を早く発見し、機能を保証

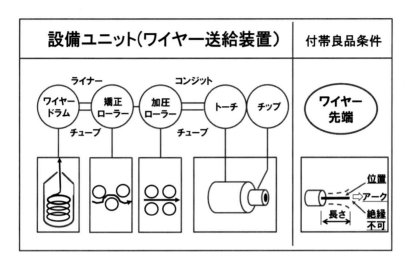

図 5-4 良品条件と設備ユニットの自主保全

する事です。また設備の役割を理解した人になる事です。この観点から良品条件管理には自主保全が非常に大事な活動になります。設備ユニットの中で、良品条件の管理標準として管理するものと設備管理基準で維持する項目は分けて管理するのが良い方法です。

(2) 専門保全と良品条件

ここでは専門保全が良品条件との関係で取り組むべきポイントをいくつか紹介します。
① 専門保全の重要なテーマとして設備精度管理は重要な課題です。
　工作機械はマザーマシンと呼ばれ、精度1級とか精度2級というように精度でランク分けしています。当然それで加工品の品質精

度は決まってしまう要素があります。設備のオーバーホールは大体この精度管理の問題であり、そういう意味では、良品条件の基準を決めることにもなります。しかし、これは設備管理の問題であり、加工点の良品条件そのものを言っているわけではありません。設備精度と良品条件の関係はどうなっているのか理解する必要があります。

　設備の代表例として旋盤で考えてみます。設備ユニットは主軸台、心押し台、往復台、送り装置とそれにチャックがあり、更にベースとしての機械ベッドで成り立っています。加工のための良品条件は、主要条件である切削条件と刃具以外はこの５つの設備ユニットが付帯条件を作ります。

　加工中は刃物が付いた心押し台がベッドのスライド面を往復し、スライド面の摩耗が発生します。この摩耗は製品品質の劣化を起こし、保全による機械精度の復元が実行され、品質が回復します。この時、加工点はワークと刃具が接するところであり、この接触点の状態を作るための良品条件が必要となります。

　設備ユニットが劣化してなくても、機械ベッドのスライド面が劣化すれば加工状態が悪くなり、良品条件が崩れた事になります。ここではベッドの精度は設備基準であり、第一に保証されている必要があります。まさに設備精度管理として設備が作られた時から継続して保証すべき重要部位になります。

②機械原点として管理するという考え方があります。芯出し調整をするのではなく、毎回機械原点へ戻すとか、原点を狂わせないと

いう事です。塗装やロー付けなどでは、一動作ごとにロボットを機械原点に戻す動作を入れています。

③ロボットを使った組み立てラインを作るとき、それぞれを別々に床へアンカーボルトで固定している場合があります。精度が必要な組み立て点はロボットハンドとワークの合せ位置ですが、床へ打ったアンカーボルトだけでは組み立て点で位置ズレが起きます。2つの設備をつなぐ必要があります。ロボットを組み立て設備ユニットのベッド上に設置するか、又は大きな鉄板を敷きその上に設置するなどの検討が必要です。

④一般に内製の組立機などは細部の図面はなく、立体構想図があるだけで、現場に搬入してから現地で芯出し調整します。この過程で加工や組立の良品条件も決まります。しかし設備の実態はボルト締めで調整しながら組み立てている為、ノックピンやストッパー及び溶接で止めるなどの固定が弱く、生産開始してすぐにナジミと言われる緩みや芯ずれなどが発生します。また設備も小型のユニットの連結であり、パスラインなどが狂います。いずれにしてもこの設備群は芯出しや固定化が急所です。

⑤良品条件を作り制御する設備の代表にエアーや油圧装置があります。一つの装置に幾つかの配管を回路図で張り巡らし、多数の端末機器を作動させます。このやり方をタコ足配管と言いますが、幾つもの機器が同時に作動する中で圧力や流量不足などが生じる場合があります。これが良品条件のバラツキをもたらします。また動力用と制御用は分けておかないと、制御の微妙なコントロールが

できなくなります。電源系も同じように考える必要があります。

⑥現在は各種センサー機器類が開発されてきて、良品条件を管理する上で大変便利になっています。今はサーボ制御やリニアガイド付きエアー機器、電動シリンダーなど、それ自体で動力とコントロールが可能となった機器が多数できており、直接良品条件管理ができます。これらの機器類は良品条件の道具ですので、自主保全と協業でやるべきテーマです。

⑦金型類は、加工技術と治具が一緒になったもので、良品条件の固まりです。加工技術が必要なため、金型の管理は専門保全が担当します。幾つかの工程で複雑なパンチやダイスなどで製品づくりをしますので、加工の原理や構造を知っておかねばなりません。また治具の部位が多く、図面を中心とした管理基準に基づき保全をする必要があります。

第6章

製品品質と良品条件の関係

6.1 品質と良品条件の関係（4パターン分類）

（1）品質マップから加工点マップへ
　　（製品は加工点の集まり）

　製品の品質マップは、製品を前後および左右や形状が変化している部位などに分割し、その部位毎を良品部位と不良部位に分けます。そこの不良現象や発生頻度などを記入すると、図6-1の上部分のような製品の品質マップ図ができます。

　この製品部位ごとを1個ずつの加工点とみなせば、加工点毎の品質状況が分かります。まさにドットプリンターやテレビ画面の画素と同じように、一か所ずつ加工していると見なせるので、製品面とは加工点の集まりであることが分かります。またこの加工点の一つひとつが、理論通りに良品条件で成立しているかどうかが問題なのです。不良の原因追究ではなく、良品条件の追求をす

る事なのです。それは加工点マップを書くことにより製品品質の結果論から離れ、作り方（加工点と良品条件）だけで追っていけることになります。

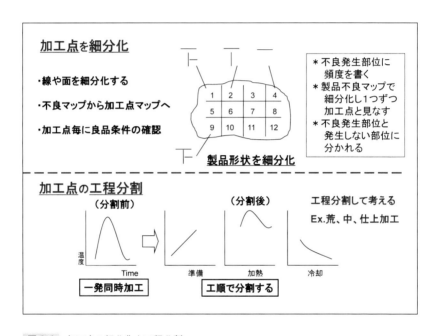

図 6-1　加工点の細分化と工程分割

　鋳造品や樹脂成型品の製品部は、肉厚部位や肉薄部位とか、中空の部位や離れ小島の端部などいろいろな構造をしていて、良品条件が成立しにくくかつバラツキ易い困難加工部位の集まりです。面状の製品やシート状の製品では、巻き出し部や巻取り部に困難部位が多く、また両端部だけでなく、例えセンター部でも一か所

ずつ細分化してみると、やはり困難加工点の集まりであることが見えてきます。切削のドリル加工でも、入り口部と中央部と出口部では違います。このように製品を細分化し、それぞれを加工点として考えることが大事です。

これに、高速加工や一発同時加工などの極限加工では更にバラツキ易くなります。

（2）品質と良品条件の4分類

加工点毎に、不良の有無と良品条件を1件ずつ確認した状態を図6-2 に表します。図の左側に4パターン毎の品質と良品条件の関係を示します。右側では円グラフでその比率を表しています。

この関係を整理すると、加工点は沢山あっても、4つのパターンに分類できます。

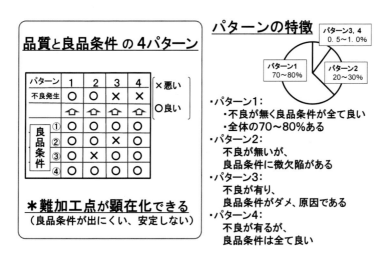

図 6-2　品質と良品条件の4パターン

一般にほとんど良品で、少し不良が発生します。ここでは、不良率は 0.5～1.0％としてあります。

　パターン 1 は、製品は良品で、良品条件も全て良い場合であり、この状態は一般に 70 ～ 80％位を占めています。

　パターン 2 は、製品は良品だが、良品条件に悪い箇所がある場合であり、微欠陥があることになります。一般に 20 ～ 30％はあります。

　パターン 3 は、製品不良が発生し、良品条件に悪い項目がある場合であり、これが原因ということになります。

　パターン 4 は、製品は不良だが、いま持っている良品条件は全て良いという場合です。ここでは今わかっている良品条件の基準が違うか、または項目が不足しているかを追求することで、解析事例として多く取り組まれています。

　従来から品質に対する考え方は、製品に不良がなければ良いという事が多いものです。確かに結果論として、製品品質としては問題がないわけですが、ものづくりとしては問題です。例えば安全で言えば、災害がなくてもヒヤリハットがあれば問題と考えているように、パターン 2 の状態は良品条件の崩れがあり、いつかは不良が発生する可能性があると考えることです。この品質のヒヤリハットを発見するのに、良品条件が必要です。

(3) 難加工点の顕在化

　各加工点を分類・整理すると、加工点毎の特性が見えてきます。一般の良品条件は、基本の理論に基づいて設定されていて、それは一般的な形状となります。例えば、板金の抵抗溶接では、平坦で一番安定している形状に対し良品条件が設定されていますが、実際の形状は凸部、凹部や薄い、厚いなど、加工しにくい難加工点とみなされる部位が多くあります。また類似加工点が多くあっても、必ずしも不良が発生するわけではありません。製品設計では客先要望が第一であり、加工技術も極限を狙った無理な加工が要求されます。この加工技術は良品条件の理論が難しいわけではなく、良品条件が出しにくいとか、崩れやすいということが起こります。例え不良が発生していなくてもいつかは発生する可能性があると考え、現場では、この難加工点を品質重点の加工点として管理し、改善してゆかねばなりません。今後も難加工点は増加するはずであり、恐れずに積極的に取り組む事が必要で、それには良品条件追求のアプローチでやってゆくことです。

6.2 トレーサビリティ保証と絶対値管理

（1）トレーサビリティ保証

　近年の国内での加工は極限を目指しています。製品品質要求の難しさだけではなく、作り方も超高速であり一貫ライン化や無人運転化および一発加工など、無理難題な加工が要求されています。製品はいくつもの工程を経て作りこまれますが、工程毎に工程能力があれば最終工程を経た製品は良品であると言えるのか。実際の生産では加工点毎に加工の難易度が異なります。例えばシート状の横幅品は必ずセンターと両端ではばらつくし、巻物なら巻き始めと中間や巻き終わりではばらつきが出ます。全て良品条件でつくりこまれていますが、良品条件の微欠陥の１つでも問題を起こす可能性を持っています。その世界では微欠陥が見え、起こるはずがない状態を目指さなければなりません。

　この時の手段として、製品１個ずつに各工程の良品条件データを集め、その履歴が分かるようにし、データで追跡可能な品質保証体制が作られてきています。**図 6-3 参照**

　加工条件を設定するときには工程能力が確認されている条件で設定しなければなりませんが、そこから先はデータで管理されつつあります。しかも現在の設備では数値が全て見えるようになっており、メモリー用にそれほど大きなサーバーも必要ではありません。実際にこの状況が作られている現場では、不良ゼロが達成されています。まさに良品条件で管理する時代になりました。昔

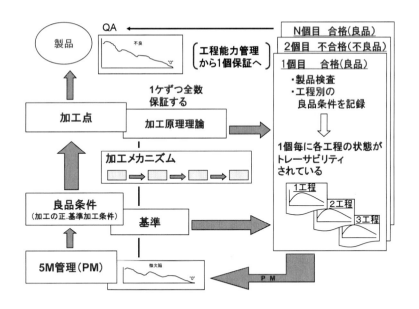

図6-3 全数・1個保証システム

のデータが取れなかった時代は、実験計画し、工程能力で品質保証レベルを決め、条件管理をしていましたが、現在はデータが取れ、管理できる時代になりました。実際にある現場では、10工程ほどで加工品を作るラインに導入しました。最終工程の製品1個に対し、工程毎の良品条件を1つずつ結び付けて記録できるようにし、記録用のサーバーには大きなものは必要なくできました。結果は不良ゼロになり、品質監査に来た客先もが安心していました。

データのとり方の例としてイエロードクターカーがあります。新幹線では、製品（お客）目線で診断列車を走らせ、全てのデー

タを残しています。走りながら、各列車もデータを残して、それをつなげて管理しています。エンジン工場で、測定治具ユニットを走らせ、データを取っている企業もあります。

(2) 絶対値管理

　工程能力保証しているからこの工程の品質は大丈夫と言っても、客先の要求が同じわけではありません。同じ工程の加工品でも客先要求次第で、品質特性を層別した出荷もあります。昔の加工データが取れなかった時代と違い、加工品1個毎に、製品品質と各工程のデータの履歴で残せる。つまり絶対値で分かるのです。

　品質特性には2つあります。1つは切削のように製品測定の項目と良品条件が同じ寸法精度であり測定できる場合。これは結果と良品条件が繋がっているから管理しやすい場合です。もう一つは溶接や熱処理のような、内部品質を作る場合です。加工理論に基づき品質機能や特性を作る良品条件が決まってきます。溶接では溶融温度で材料を溶かし溶着強度を決めますが、破壊検査でしか品質特性が分かりません。工程内では結果の品質を保証するためには良品条件が保証されている事しかなく、一個毎にその変化を見ていく必要があります。加工点毎に良品条件のバラツキがあり、絶対値でそれを管理しなければなりません。締め付けトルクのモニタリングや射出成型のモニタリングなど、いろいろな分野で1個毎の状態監視が取り入れられてきています。**図6-4**はボルト締め付けを、一本ずつ締める毎に波形で把握し管理しています。

またAI化が一気に進んできました。AIによる検査を見ていると、人の管理では不確定だったものが、膨大なデータ一量を基に理論化され、一個ずつ定量化され確実に見えるようになってきています。複雑な成分を含む材料の加工には、製品ごとにその成分に合わせた条件設定が必要で、AIは絶対値管理のツールになります。

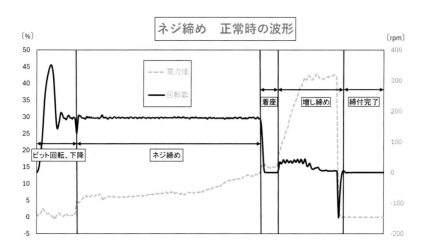

図6-4

6.3　不良ゼロの確立（技術データの蓄積）

　不良低減の状況は図6-5のように、一般的に月別推移図で管理データとして表現されます。その中には良かった時や悪かった時を含めて合算され、あるいは平均値のデータで表されます。全体の状況を見るためにはこれでも良いのですが、良品条件という技術論としては不足です。加工点毎に難易度が違うので、加工点の部位別、あるいは類似形状別に把握し、不良ゼロの加工点が幾つできたかと表現すると分かりやすくなります。最後に残るのは難加工点です。

　不良の発生形態は3つに分かれます。

　その1は、不良ゼロがずっと継続している加工点の場合です。この部位はその時点で持っている良品条件で十分満足されているということです。

　その2は、不良ゼロを達成しても再発が起こっている加工点の状態で、復元すれば元に戻るが不安定な状態です。付帯良品条件の中でも不規則な発生に対応する、例えば日常点検や作業中の不規則な乱れなどの微欠陥が発生しているタイプです。これまで不良ゼロが続いていた時とは何が違ったのか、崩れたのか、維持が難しいのかなど、あくまで良品条件を基準にした攻め方をすることです。

　その3は、良い悪いと繰り返していて、ゼロが達成できない場合で、一番多いのは不良の層別が荒いとか、不良現象が正しく捕

まえられていないとか、難加工で良品条件の見直しが必要な場合です。

　発生部位ごとに分けそれぞれを加工点とし、何度も再発する難加工点はどこかなど、その一か所毎の良品条件を追及することです。最後は技術資料として不良ゼロをまとめる事が大事です。加工点の層別パターン毎に標準パッケージ化しておくと横展開ができます。内容はテーマ別良品条件シートとして整理しておくと技術の財産となります。

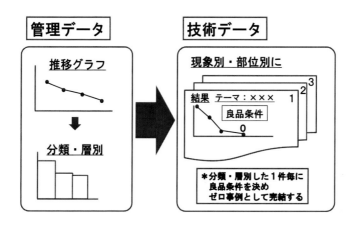

図 6-5　ゼロ事例として完結

　ここで、実際の個別の事例を紹介します。
　一般的に、加熱や冷却など、熱が絡む加工は難しくなります。
　アルミ鋳造D/Cでは、ケース形状だと幾つもの肉厚ボス部位

があり、これらは指向性凝固理論が成立しにくい加工点になります。特に冷却回路の設定では、個別の加工点ごとに良品条件を設定し、確認する必要があります。最近は、3D造型で指向性凝固が冷却理論通り成立する通水回路が作成できるようになりました。

またシート状の金属や高分子製品などは、加熱、圧延、冷却などの各プロセスに従って加工部位ごとに良品条件がばらつき易く、全体論ではなく各部位毎に良品条件を把握する必要があります。しかも温度変化は加工理論に影響を与え、結晶構造や相変化および熱膨張や収縮などを起こすため良品条件管理は重要な課題です。

加工点が一個毎で完結するため、良品条件管理が分かりやすいネジ締めでも、傾斜面への取付けは難加工部位となります。部品を傾斜に沿ってセットしてもネジの直角度は崩れやすく、また締め付けドライバーも、ネジの頭頂部に垂直に立てないとネジが倒れます。そこでドライバーの頭部に水準器を付け、良品条件が守りやすいように、可視化を工夫しています。

第二部

事例編

はじめに

　第1部の本編で良品条件マネジメントの考え方を説明しました。設備管理では保全問題も大事ですが、設備がものづくりにとって大事な加工技術を提供する手段である以上は、設備管理の本質論は良い製品を作るための良品条件を追求することです。

　それは人間で言えば病気やけがをしないことは大事ですが、つねに教育や訓練をして磨き上げ、人の価値を高める努力をすることです。同様に設備も故障やトラブル防止だけでなく、製品要求に対応して新しい良品条件を追及し、常に設備の保全や改善・改造をしてその価値を高める活動をしてゆかねばなりません。

　良品条件マネジメントは加工理論（Theory）とそれを具現化する加工技術（Technology）を持ち、安定的に製品を作るために工業または生産（Engineering or Process）として成立させる必要があります。

事例の位置付け

(1) 品質の分類

　ここで良品条件の事例を紹介するにあたって、各事例の位置付けを、次の図「**品質と良品条件のマトリックス表**」に表しています。

　品質を2つの状態に分けて考えます。

　　品質A：目的としての機能や性能を満足する状態が良品で、
　　　　　品質規格が決まっている

　　品質B：品質Aは満足しており、それ以外の不良や欠陥のない状態で、発生すれば品質不良という。品質規格は決まっていないか又はあいまいな為、不良ナキ事とされている場合が多い

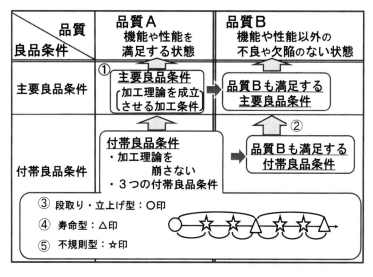

品質と良品条件のマトリックス表

また良品条件は、加工理論を成立させる主要条件とバラツキなく安定させる付帯条件に分かれます。品質Aは良品条件が設定されますが、品質Bは良品条件が決まっていない場合があります。その為、原因追究が多くなります。悪いものが出ない良品のつくり方が必要です。

（2）各事例のポイント

　品質事例のテーマはゾーン毎に性格が異なり、攻め方が変わります。ここではそれぞれを紹介します。
　また良品条件の解決には加工技術が絡む為、理論的に取組む必要があります。そこで生産技術、品質管理、製造技術や製造部門、保全部門が協業し、一体となって取り組まねばなりません。今回は具体的なテーマで取り組んだ1件ずつを紹介します。

　事例1は、品質Aを目的とし、生産技術が加工技術を開発し、良品条件を主要条件と付帯条件に分け、基本通りにかつ具体的に取り組んできた過程を説明しています。一般的に企業内では、スタッフは結果のまとめだけを提供する場合が多く、なおかつ皆に分かるよう整理した事例は少ないものです。この様なまとめなら、後からでも現場で読み返すことにより理解ができます。
　最後に付帯条件の中でも治具化した位置決めや芯出しの段取りにまつわる条件が崩れ、品質不良が発生した事例を紹介しています。付帯条件の重要性と難しさを表しています。

事例 2 は、品質 B の事例で、あらゆる加工に付いてまわる問題です。バリや欠け及びキズやダコンとか変形などで、不良ナキ事と言われ、種々雑多のテーマがあります。この事例はバリが加工端部に発生し、良品条件が不足していた端部の加工点として、良品条件を理論的に追求しています。

　事例 3 は、品質 A で付帯条件を追及する設備保全の代表的な事例です。設備保全は設備管理基準を持って精度管理をしていますが、設備の専門家であり加工点の構造もよく分かっているが為に、良品条件の説明が足りないことが多いものです。この事例は加工点の良品条件から設備ユニットの設備保全で良品条件保証をしたものです。また良品条件のモニタリングで未然防止までつながっています。

　事例 4 は、品質 A の付帯条件の事例です。加工点で直接ワークに接しているパンチや刃具などは寿命管理をしています。品質に直結するため、どうしても安全圏で交換という安易な管理方式になりやすいものです。良品条件のバラツキをなくし、更に極限まで寿命を延ばす技術研究が大事です。

　事例 5 は、品質 B の付帯条件を自主保全で取り組んだ事例です。設備に強いとは、単に設備を知るだけでなく、各設備ユニットが良品条件を保証するために、各部位毎にどんな役割を持っていて、どんな良品条件を提供し、どのように維持管理をすべきかを理解することです。設備メーカーの装置は基本機能は持っていますが、製品毎にピッタリな良品条件は、現場で決めなければいけません。材料供給の設備ユニットを徹底して追求しました。

2.1　活動事例

―［事例1］
マイクロ抵抗溶接の開発と爆飛不良ゼロ化

　自動車の電子部品は需要の飛躍的増加に伴って、マイクロ抵抗の溶接箇所数も増加している。ここで、上記の良品条件アプローチを適用した事例として、マイクロ抵抗溶接における爆飛不良ゼロ化に関して述べる。

［手順1］：製品の理解と不良現象の把握

　対象工程では、電子部品の丸棒（Φ：1.6mm）とコネクターターミナル（t：0.64mm）を溶接してコネクター端子を製作している。これに使用する設備と治工具や条件設定は内製である。それぞれ非常に小さい部品のため固有抵抗の測定が難しく、合成抵抗Rで管理しているが、この抵抗Rの変動が大きくて管理が難しく、溶接品質不良の問題解決に悩んでいた。5か月間の約95,000個/月の生産において、不良率は0.55％であり、そのうち爆飛不良が67％を占めて圧倒的に多かった。その他はターミナルずれ23％、変位量不良7％、溶接前高さ不良3％であった。そこで、爆飛不良を対象として、良品条件アプローチを適用することにした。

［手順2-1］：加工原理

　マイクロ抵抗溶接の原理としては、2種の被溶接材を電極で挟み、

加圧・通電して発生するジュール発熱で接合界面を溶融し、溶接する。

原則としては、この時のジュール発熱Qと電流値I、合成抵抗R、通電時間tの関係式は式（1）と式（2）に示すとおりである。

$Q \propto I^2Rt$ …… 式（1）

$R=r1+r2+\cdot\cdot\cdot r7$ …… 式（2）

この中で抵抗の設定が重要である。図1-1に示すように各部位の抵抗はr1からr7まであり、接触部位とその抵抗はr2、r4、r6の3つである。この中で電極界面の発熱は小さくして、目的の溶接部位の発熱量を最大にしたいので、抵抗r4を最大にしなければならない。理想条件としては、接触部位の抵抗を式（3）になるように各rを管理することが重要である。

$r4 > r2, r6$ …… 式（3）

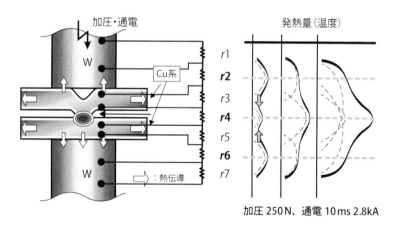

図1-1 接触部位と抵抗値

[手順2-2]：不良発生の理論的整理

　爆飛とは、高抵抗部位（通電面積：小、接触抵抗：大）に、無理に過大な電流を流すと、材料が溶融点以上に発熱することによって発生する飛散現象である。

　爆飛した現物を分析した結果、爆飛の発生部位は丸棒と下電極間であること、爆飛は電極ショット数とは関連が少ないこと、材料ロットとも関連が少ないことが分かった。また、上電極から通電した電流は、接合界面でジュール熱を発生させて溶接するが、このとき下電極～丸棒間の抵抗が過大となり、爆飛していることも分かった。

　つまり、抵抗 r が大きい接触部位が爆飛するので、各部位の抵抗 r の管理が重要になる。ところが部品が非常に小さいため固有抵抗の測定精度が悪く、接触抵抗の真の測定が困難である。そこで、各部位の抵抗 r ではなく合計した合成抵抗 R で管理することになる。ここで、電極の加圧力において接触抵抗を安定させる必要がある。

手順３：加工点の構造と加工メカニズム

　加工点の構造図（図 1-2）を描くと加工点と加工点を取り巻く設備ユニットが区別できる。設備ユニットは部品同士を精度良く位置決めや固定する治具ユニット、通電条件を制御する電流制御ユニット、部品に接触し通電するための電極ユニットおよび抵抗 r を決める加圧ユニットから構成される。もちろん接合するための２つの部品も必要である。これらが加工点に向かって良品条件を供給し、かつ成立しなければならない。

　加工点が整理できたところで、高速ビデオカメラなどの機器を用いて現象を観測し、良品発生状態と不良品発生状態を確認するとともに良品条件を設定することにした。高速ビデオカメラにより部品が変化する状況を調べ、治具の動きと部品の動きを調べた。また通電時の電流波形を計測し、良品発生時と不良品発生時を比較し、さらに電極の現物の管理状況を調べた。このように加工プロセスの事実を知ることが大切である（図 1-3）。

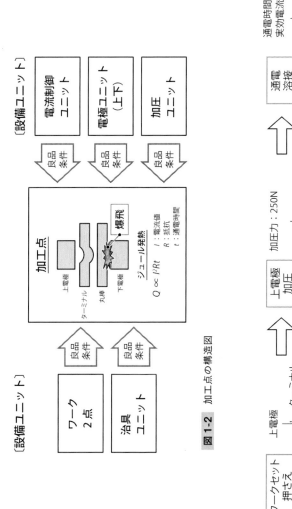

図1-2 加工点の構造図

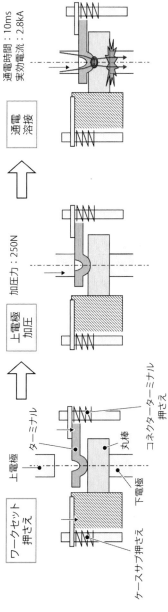

図1-3 加工メカニズム

手順4：良品条件の整理

上記の加工点と加工メカニズムを基に**表1-1**に示すように、良品条件表として整理した。まず、主要条件である加工条件を決定した。これには対象となる部品に対し適正なジュール熱を発生させるために電流、加圧力や時間を実験によって定量化した。次に、対象となる部品（ワーク）に最適な電極も決定した。このとき接合強度など製品品質の確認も実施した。

一方、付帯条件となる治具ユニットや電極などの位置決めや芯出しなどの精度管理項目や、電気の分流が起こってないかなどを確認した。

表1-1　良品条件表

良品条件
主要条件
・加工条件
実効電流　2.8KA
加圧力　　250N
通電時間　10ms
・ワーク　（図面指定）
・電極　　（図面指定）
付帯条件
・ワークの固定、位置決め、芯出し
・電極の直角度、芯出し、変形と汚れなし
・分流なし

手順 5&6：良品条件の復元と対策

　良品条件の確認で異常が多数見つかり、復元や対策を実施してきたが、その主なものを紹介する。

　高速ビデオカメラで観察した結果、加圧時に部品（コネクターターミナル）を押えて変形させ、接触させており、分流が発生していた。その結果、抵抗 r4 が小さくなっていた。この抵抗を安定させるだけではなく、さらに変形による分流が起きないように加味した圧力にする必要がある。これは主要条件として条件管理することにした。

　下電極と治具にセットされた丸棒の位置関係を動かしながらメカニズムを調べた。隙間となる突き出し量の設定が大き過ぎたため、下電極が丸棒に当たると持ち上がって点接触となり、r6 が大きくなっていた。そこで、突き出し量に関して実機を使用してテストした結果、r6 が r4 より小さくなるように従来の 0.17mm から 0.06 ± 0.02mm へと変更した。これは付帯条件として段取り時に管理することにした。

　良品時と爆飛時の電流波形を測定した。爆飛時の電流には、始動（突入）電流の発生があった。これが発生すると爆飛（抵抗上昇）する。そこで、電流を徐々に上げて大きく変化させないように、アップスロープ化した。これは主要条件として条件管理することにした。

　使用済の電極を集めて調べると、大きく変形したものや黒く変色している部位が沢山あった。熱や電蝕で凹みや表面荒れで痛ん

でいた。さらに絶縁体である酸化被膜も発生していた。これらは清掃や点検などの日常管理や寿命に基づく定期交換の不足である。これは付帯条件として寿命管理や不規則型に対する日常管理とすることにした。

　加圧条件の設定では、加圧力の条件を抵抗溶接として必要なだけでなく、部品が変形しても分流が起きない範囲に決める必要がある。そこで、部品丸棒とターミナルの隙間を抑え込み高さと加圧力（N）の関係を調べるために、下記の手順で測定実験を実施した。

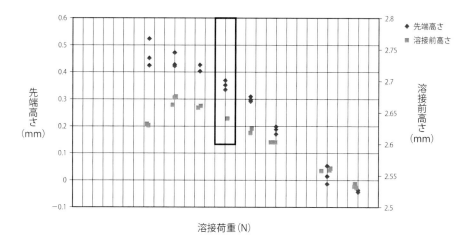

図 1-4　加圧条件に関する実験結果

①溶接荷重水準の決定
②溶接荷重の変更と部品の設置
③リニアスケールによる溶接前高さの計測
④隙間ゲージにより先端高さの測定

その結果、**図 1-4** に示すグラフが得られ、溶接前高さ 2.6〜2.8mm、溶接荷重 140〜160N と加圧力を低く抑えた基準（図中の四角枠）とした。

さらに、付帯条件である部位別良品条件の項目に関して、管理値やその確認方法を決定した（**表 1-2**）。

表 1-2 付帯条件（部位別良品条件）の管理表

部位	項目	管理値	確認方法
ワーク固定治具	対電極との芯ズレ量	±0.16mm	確認ゲージ
	部品投入部の摩耗量	―	定期交換
	位置決め部品の摩耗量		
電極	上下電極の芯ズレ量		確認ゲージ
	電極先端の摩耗量	―	電極交換カウンタ
	先端汚れ・焼け具合		
	電極ホルダーの摩耗量		
	冷却状態	0.5 ℓ/min 以上	流量計
テーブル	停止精度	±0.05mm	ゲージ

手順7：保全によるゼロ化

　上記の良品条件をもとにして、主要条件である電流・荷重・時間などの溶接条件を見直し、付帯条件である溶接位置の管理値の決定、電極高さ管理の閾値の変更、電極寿命の最適化、溶接治具の改善などにより、対策前の不良発生率は0.55％から0.05％に低減できた。

　また電極位置の定期確認、電極研磨条件の変更、溶接治具の摩耗部位の定期交換、電極ホルダの劣化対策など付帯条件の維持管理により、4年間の240万個の生産において爆飛不良がゼロを達成できた。

　これにより、爆飛不良の理論や構造も理解でき、同時に現場管理が実践できるようになった。

事例1「マイクロ抵抗溶接の開発と爆飛不良ゼロ化」の解説

　この事例はマイクロ抵抗溶接という薄板でひずみのない溶接加工の例です。この技術では微妙なバラツキが品質問題を起こすため主要良品条件の設定が難しく、最近の極限加工における良品条件研究にピッタリなテーマです。一般には加工技術は表に出ず、標準化という管理技術のみが現場に提供されることが多いものですが、その過程を理論と実験で丁寧に説明しています。この加工技術は、細い丸棒に薄いコネクタ

一板を、発熱理論を使って溶接します。しかし発熱測定の基礎となる各部位の抵抗が個々には分かりにくく、この説明で資料の3分の1を使っています。

　加工技術論的には主要良品条件である電流の安定の工夫をしていますが、また微妙な抵抗を安定させるための治具構造も複雑で難しく、いろいろな工夫をしています。治具による位置決めのバラツキは発熱量のバラツキに影響します。この治具の設計が重要なところです。

　一方、抵抗溶接は良品条件と管理標準が違う典型的な例です。固有抵抗だけでなく、発熱時の膨張や収縮に対応した接触抵抗を一定にするため加圧追従が必要で、管理標準で抵抗を加圧力管理している理由です。加圧力が一定でないとスパッタや爆飛が発生します。またこの発熱理論のバラツキをなくすために複雑な治具構造になり、治具の管理が大切なことが分かります。抵抗部位は7つあり、接点として発熱する部位は3か所ありますが、実際の爆飛不良発生は下治具と材料間のズレで、発熱抵抗点が変わってしまったことによるものでした。このような極限加工ではきめの細かい管理が必要です。実際の現場では電極が酸化膜とか電蝕で荒れているとか、良品条件の微欠陥が見つかる様な状況が多くありました。

■[事例2]
孔明け加工入口バリゼロ化

1. 工程概要と活動背景

1）製品と加工工程

　ドラムの加工において、ドリルにてリベット用の孔明けをする工程。

　ドリル切削において発生するバリは、入口バリと出口バリがあるが、出口バリについては今まで解明されており対策が取られている。加工基準の厳しいドラム加工において、今回は入口バリについて初めて取り組んだ。

2）バリの測定と目標

　この工程ではドリル切削時に入口バリが 0.4～0.9mm 残るため、砥石にてバリ除去を実施している。

　バリ除去にかかる時間が工程のネックとなっており、砥石能力の検証の結果、バリ高さを 0.05mm 以下と非常に厳しい条件にする必要がある。

　入口バリの発生メカニズムを解析し、バリゼロに向けた研究を実施した。

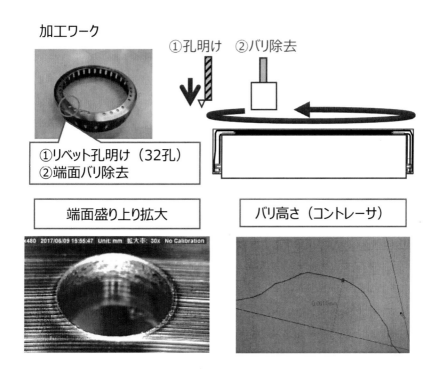

図 2-1 製品と加工工程

2. 加工点研究

1) ドリル深さ別で金属組織の調査

メタルフローにて金属組織の流れを観察することで、入口バリの発生メカニズムを調査。ドリルの加工方向とは逆向きに力が加わっていることが分かる。

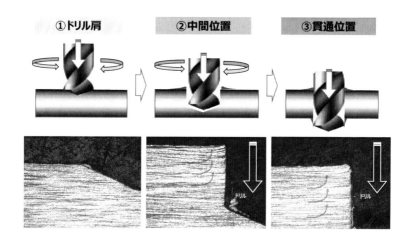

図 2-2 ドリル深さ別で金属組織の調査

2) 入口バリの現状把握

入口バリはドリルの切削方向の回転中に発生しているように見える。ドリルの回転を途中停止させて検証すると、入口バリはドリルの刃先がワークに当たった瞬間から発生することが分かった。

さらに高速度カメラで見ると、ドリル下降中にバリが生成されることが確認できた。

ドリルを途中停止させ検証

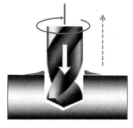

高速度カメラでの検証

図 2-3　入口バリの現状把握

3）入口バリの発生メカニズム

ドリルの回転によりねじれ角である上向き方向に力が加わり、切削抵抗によって加工面が引き上げられたと考えられる。

バリの発生を抑制するためには、切削抵抗を抑えるドリルの加工条件を調査する必要がある。

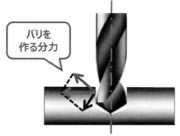

← 切削抵抗半径方向の分力
← ねじれ角で分解された分力

バリを作る分力

図 2-4　入口バリの発生メカニズム

3. 良品条件検証

1) 実験計画により加工条件の検証

　主要条件である加工条件の送り速度、回転数および刃具取り付けの振れ精度について、実験計画にて確認した。結果、切削送りと回転数についてはともに相関は見られなかった。

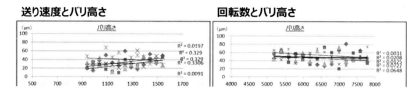

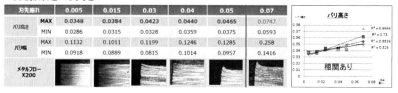

図 2-5　加工条件の検証

2) 刃先振れの実験

　刃具取り付けに伴う刃先の振れ精度とバリ高さについて調べてみると、現状の管理条件の中でも相関があるように見られたため、振れとバリの関係についてメカニズム解析を実施。

3）刃先振れによるバリ発生のメカニズム

　ドリルの電力測定により力の変化量をとらえることができ、刃先振れによって高い負荷が発生することが見えた。

　刃先の振れが大きくなると、切削抵抗半径方向の分力に遠心力が加えられ、入口バリの発生が大きくなる。

　ドリルが与える力とバリを発生させる力の関係から刃先の振れに求められる精度をつかむことができ、ワーク固定治具や切削クーラントを含め良品条件を整備することにより、バリ高さの目標である 0.05mm 以下を達成。

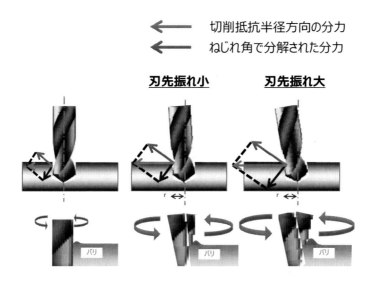

図 2-6　刃先振れによるバリ発生のメカニズム

4. 良品条件整理

　従来の孔加工は、"入口バリは必ず出るもの"という固定概念があり、加工精度や加工品質に問題なければバリは除去するものという考えだったが、今回の研究を通じて、バリが発生する理論を理解し、発生させない加工条件まで追求できた。

5. 結果まとめ

　0.05mm以上のバリの発生がゼロになり、バリ残りによる工程ネックを解消できた。

　入口バリの発生するメカニズムの知見を得ることができたことで、今後更なるバリゼロに向け研究を続けていく。

加工条件変更

条件	対策前	対策後
使用砥石	D3831（φ20）	DB4231（φ25）
切削送り	F3000	F6000
歯先振れ	0.06	0.05以下
砥石回転数	S6000	←
MCT	42.2秒	38.3秒
バリ高さ	0.068	0.043

管理水準変更

管理項目		管理水準		頻度
		Before	After	
刃先振れ	プリセッター刃具セット時	0.02	0.02	毎回
主軸振れ	MN機設備点検	0.03	0.02	1/W
Z軸走り	↑	0.01	0.01	1/M
刃先振れ	機上での振れ	（最大0.06）	（最大0.05）	-

図 2-7　結果

事例2　「孔明け加工入口バリゼロ化」の解説

　機械加工においてバリは防ぐことができないものとされていますが、製品としてはバリが許されることはありません。そのためバリ研究は永遠のテーマと言われています。目的とする品質Aの要求特性である寸法精度を作るため、主要良品条

件である刃具や切削条件は正しく設定されています。

　加工点の細分化をしました。今回はドリルの入口部（加工開始）と中央部（加工中）および出口部（加工終了）の３つに分けました。バリの発生部位と発生しない部位があることは、加工点毎に良品条件に差異があるということです。

　一般にバリは出口部が大きく発生しますが、今回は入口部のバリです。バリの基準は高さ 0.05 ミリ以上です。切削は加工点で製品と切粉に分離しますが、バリは切粉として除去されずバリとして残ってしまったということで、切粉の作り方の良品条件が出来ていなかったということと同じ理論になります。刃具や切削条件の研究で、加工品質を満足し、かつバリのない切粉の作り方の良品条件か切粉除去技術が必要になります。これでバリナキ事からバリの出ないつくり方に変わりました。

　ここではドリル加工の基本理論とその良品条件を基に、入り口部のメカニズムを追求しました。バリ高さを精密に測定し、加工プロセスを高速ビデオで撮り、バリ発生の瞬間を力学のベクトルで表し、メタルフローまで調べました。次から次へと駆使したここら辺の調査研究は、技術的に見ても素晴らしい内容です。対策が済んだら終わりではなく、一度はこのレベルまで理解しておくということが大きな財産になります。主要良品条件の切削条件では問題がなく、付帯良品条件の刃具ブレが加工理論をばらつかせているということでした。大変勉強になる良い参考事例です。

━[事例3]━

超精密加工と刃具寿命延長

1. 製品の理解と不良現象の把握

　対象工程では、CNC旋盤6台を使用し、デフケースの加工を行っている。このデフケースは面粗度の規格がRa1.6以下と厳しくなり、現在は定期確認で精度を保っているが、設定した交換枚数200枚前に規格を外れてしまうため、品質確保のためにオペレーターによる早めの刃具交換で対応している。

設定刃具寿命200個⇒現状100個で交換
半分しか持たない。

　そこで、面粗度規格を満足したうえで、設定交換枚数までの刃具寿命延長に取り組んだ。

2. 加工原理

　旋盤加工の原理としては、加工されるワークをチャックで固定し、ワークを回転させたところに刃具を当てて、表面を切削しながら、製品寸法・面精度に仕上げていく。
　この中で、ワークの回転数（周速）、刃具の送り量、切削油の有無など、様々な条件を管理することが重要である。

3. 不良発生の理論的整理

面粗度とは加工された面の粗さのことで、現状の刃具、加工条件では加工枚数を重ねるごとに粗くなっていき、100枚加工した時点で、理論面粗度との差が開いており、このまま続けると規格を外れます。

理論面粗度

$$R_a [\mu m] = \frac{1}{4}h = \frac{1}{4} \cdot \frac{f^2}{8R_e} \cdot 1000 = \frac{1}{4} \cdot \frac{0.14^2}{8 \cdot 1.2} \cdot 1000 = \mathbf{0.51}$$

f [mm/rev]：回転当たりの送り量(一定)
R_e [mm] ：チップのノーズR(一定)

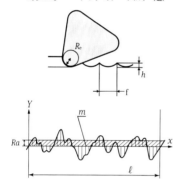
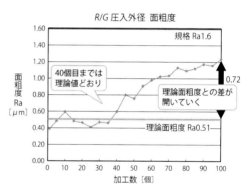

図 3-1 理論面粗度

4. 加工点の構造と加工メカニズム

　加工点を描くと、加工点と、加工点を取り巻く要素が分かります。

　設備ユニットは、ワークを精度よく固定するチャックや、実際にワークに接触して加工する刃具類、また、その刃具をワークに当てていく切削条件などです。

　これらすべてが、加工点に向かい良品条件を供給し、かつ成立しなければなりません。加工点が整理できたところで、今回は主要条件の加工条件ではなく、付帯条件である刃具の摩耗を追究します。

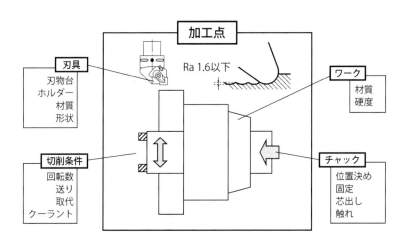

図 3-2　加工点

不具合が発生する仮説を3点あげ検証していきます。

仮説1は、摩耗による刃具の逃げです。

仮説2は、摩耗によるワークの逃げです。

仮説3は、摩耗による刃具刃先形状の変化です。

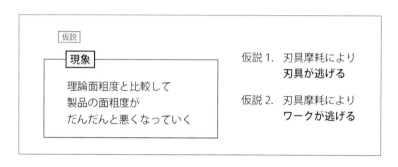

図 3-3 仮説立案

それぞれの仮説検証の結果ですが、仮説1と仮説2は問題ありませんでした。

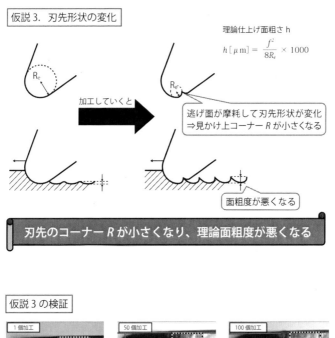

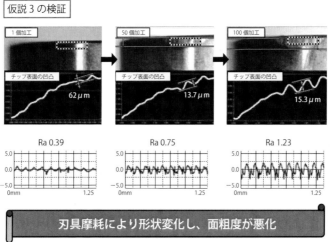

図 3-4 仮説 3

5. 良品条件の整理

検証を重ねて、良品条件を探し出し整理していきます。

今回は、計5回の検証を重ね、現象と結果から最適良品条件を探し出しました。

1）逃げ面の潤滑を向上させる（図3-5）

（クーラント供給　すくい面のみ→すくい面＋逃げ面）

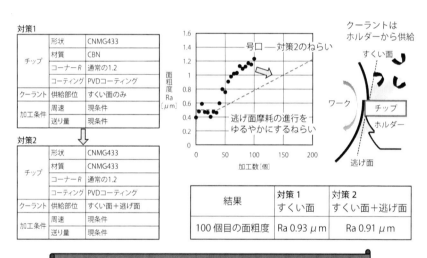

図3-5　クーラント供給

2) 送りを変えて、境界摩耗を分散させる

周速　現条件→1.2 倍

送り　現条件→0.8 倍

3) 理論面粗度を良くする（図 6-3）

ワイパーチップ導入

材質変更　CBN→サーメット

周速　現条件→0.5 倍

送り　現条件→1.6 倍

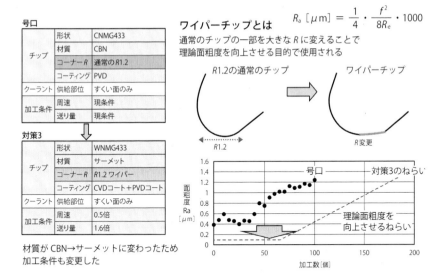

図 3-6　刃具材質変更

4) 逃げ面摩耗の始まりを遅らせる

　（コーティング　PVD → CVD+PVD）

◆境界摩耗をさらに変えるための対策

　〈加工数　初品10％〉

　　　バラツキ防止のため　現条件⇒1.6倍

　〈加工数　残加工数〉

　　　摩耗分散のため　1.6倍⇒現条件

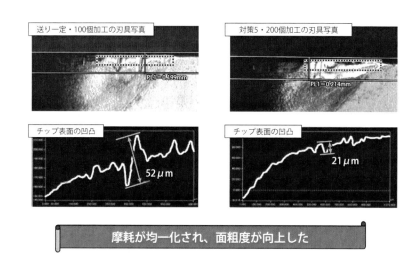

摩耗が均一化され、面粗度が向上した

図3-7　面粗さ比較

・一定の送りでは、面粗度が粗くなる。

・送りを途中で変更すると、表面の凹凸が小さく出来、面が

粗くならない。

これにより、刃具寿命の 200 個まで面粗度の規格を保持できる。最適な送り変更位置として、初品 10％以降から変更する。

6. 良品条件の設定

| 良品条件 | R/G 圧入外径 刃具寿命 200 個を満足する良品条件を設定した |

チップ	形状	WNMG433	
	材質	サーメット	
	コーナー R	R1.2 ワイパー	
	コーティング	CVD ＋ PVD コーティング	
加工条件	周速 [m/min]	初品 10％	残加工数
		現条件 → 0.7 倍	0.7 倍 → 現条件
	送り量 [mm/rev]	初品 10％	残加工数
		現条件 → 1.6 倍	1.6 倍 → 現条件

図 3-8 面粗さ比較

7. 結果のまとめ

圧入外径の面粗度は、200 個加工時に品質保持を達成し、不良ゼロを継続中です。

事例3 「超精密加工と刃具寿命延長」の解説

　高品質な面精度が要求される切削加工の場合、刃具寿命より品質が重要であり、寿命になる前に交換していましたが、これは刃具寿命延長に取り組んだ代表的な事例です。まず品質の理論と刃具の劣化による加工精度の変化量を非常に緻密に把握しました。このデータがその後の活動の原点になっています。加工原理や構造から加工点の整理をし、不具合が発生する場合の3つの仮説を立て、きめ細かく調査解析をし、摩耗による刃具形状の変化を突き止めました。ここからは良品条件の追求ですが、このように発生している事実から仮説を立て、これを検証するやり方は現場活動でも大いに使うべきです。

　刃具を目標寿命まで伸ばす良品条件の追求では、3つの方向を決めて実験や確認をしてきました。それには、まず刃具の劣化摩耗を速めている加工点周りの付帯条件追求が必要で、詳しい説明はしていませんが自主保全の第一歩として、徹底したクーラントの清掃点検をしています。次は加工開始点の精度を向上させ、結果として寿命を長くする方法です。最後は刃具の摩耗劣化開始点を遅らせるコーティング技術です。今回、最初からコーティング技術に入らなかったのは良かったです。これで最初に成果が出てしまうとベースとなる技術

の追求をしないまま終わったかもしれません。それぞれ技術的に価値のある面白い内容です。改善途中は試行錯誤などでいろいろあったとしても、最後の整理は理論的にまとめることです。次へ残す宝物にすることが大事で、大変すっきりと仕上がった事例です。

― [事例 4] ―

設備保全による歯形うねり手直しゼロ

1. 工程概要と活動背景

ドライブギヤの歯車の表面を研削する工程。
その歯研工程において、砥石交換後に歯形うねりが多発している。

1）歯形うねりとは

歯形うねりとは、歯形の形状を測定したグラフにおいて、正常時の近似曲線に対する凸凹のMAX/MINの絶対値を加算して診断。
規格によってOK/NGを判定している。

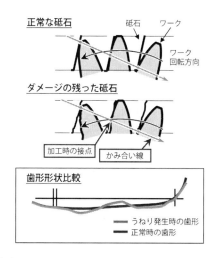

図4-1 歯形うねり

2）歯形うねり発生メカニズム

　砥石は定期的にドレスを行っているが、砥石にダメージが残ったままであると、そのダメージをワークに転写してしまい、歯形うねりの現象となる。

　歯形うねりにはドレス加工が急所と捉え、ドレス加工時の良品条件整備に取り組んだ。

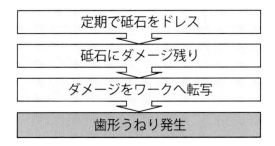

図4-2　歯形うねり発生メカニズム

2. 加工点研究

1）加工点は何処か

ドレス加工点は砥石とドレスが接する点である。

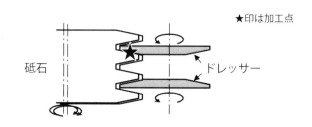

図4-3 ドレス加工点

2）加工点構造図

ドレス加工点はドレスとドレスユニット、砥石と砥石ユニット、ボールネジユニット（モータ、リニアスケール、ボールネジ）で構成される。

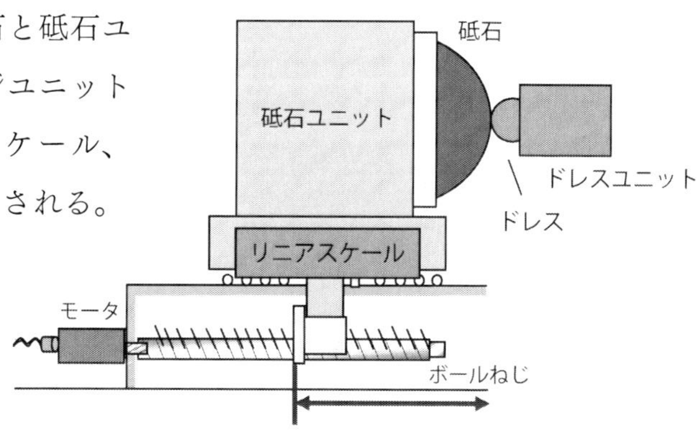

図4-4 加工点構造図

3）加工点とその挙動

砥石へのダメージはドレス加工点が動くことにより発生していると考える。

ドレス加工点の動きを良品状態と良品条件基準とし、砥石とドレスの位置関係について、特に影響の大きいボールネジユニットの位置決め精度について調査した。

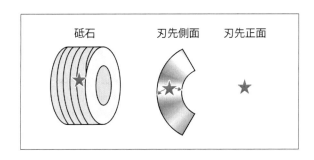

図 4-5 加工点とその挙動

3. 良品条件検証

1）ボールネジユニット診断

ドレス加工点の動き量を見るため、サーボトレースを用いてボールネジユニットの位置精度診断を実施。

サーボトレースとはNCからの指令値と実際の停止位置との差異を測れるもので、今回はスライド方向における差異量を測定。

歯形うねり発生時の位置精度を調査すると最大 $20\,\mu\mathrm{m}$ の差異

があり、加工点の動きはボールネジユニットに問題があることが分かった。

ユニット診断

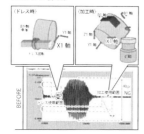

ボールねじ交換マニュアル

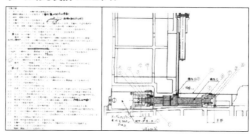

図 4-6 ボールネジユニット診断

2）設備保全による分解整備

ボールネジユニットを分解、交換すると差異が $1\mu m$ になり、歯形うねりも発生しないことから、サーボトレースの診断結果よりドレス加工の良品条件を設定できると判断。

ボールねじ交換前

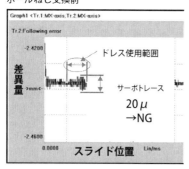

ボールねじ交換後

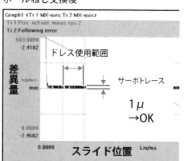

図 4-7 設備保全による分解整備

4. 良品条件整理

1）歯形うねり精度比較

サーボトレースによるボールネジユニットの差異量と歯形精度の関係に関して、データを集約し検証。ボールネジユニットの機械部品交換の判断基準とした。

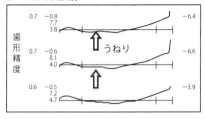
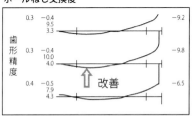

図 4-8 歯形うねり精度比較

2）良品条件の整理

従来の設備基準書ではボールネジユニットの精度差異は設備異常が発生しないと確認しない項目であったが、今後は加工点の差異量もこの基準書に含め管理していく。

表 4-1 良品条件基準

加工点		項目	良品条件 条件	日常管理 項目	頻度	不具合現象
砥石×ワーク		クーラントノズル距離	砥石×ノズルの距離：8mm	ノズル位置・流量確認	1/S	クーラント飛散量多量により 歯形うねり発生
		クーラントノズル位置	クーラントノズル角度：-5°			
		クーラント流量	150〜160L/min			
		砥石垂直送り動作	粗加工：上→下 仕上加工：下→上	プログラム保証	—	歯形うねり
砥石		砥石の歯支さ	歯支高さ 8.4〜8.6mm	歯支高さ確認	1/S	歯底干渉NG 歯車精度NG
		砥石の歯幅	歯幅 1.5〜1.7mm	歯幅確認	1/S	
		本体への締付けトルク	20N·m	締付けトルク確認	砥石交換時	
		フランジ締付けトルク	16N·m		砥石交換時	
		フランジの振れ（外径）	25μ	振れ確認	砥石交換時	
油圧マンドリル		マンドリルクランプ圧	16〜20bar	圧力確認	1/D	ワーク滑りによる同期ズレで 歯車精度NG
		クランプアー滑り	滑りトォルコ	滑り確認	1/S	
		マスター振れ（外径）	10μ以下	マスターでのチェック	1/W	
		マスター振れ（端面）	10μ以下		1/W	
ドレスユニット		スピンドル振れ	4μ以下	ダイヤルゲージ確認	ドレス交換時	歯車精度NG
		ドレッサー外周面振れ	4μ以下	ダイヤルゲージ確認	ドレス交換時	
		ドレッサー端面振れ	2μ以下	ダイヤルゲージ確認	ドレス交換時	
		クーラント圧力（IN）	0.4〜0.5bar	圧力計確認	1/D	
		クーラント圧力（OUT）	0.3〜0.5bar	圧力計確認	1/D	
各軸	X軸	サーボトレース（動作誤差）	10μ以下	NC画面動作誤差確認	1/M	歯車精度NG
	Z軸	サーボトレース（動作誤差）	10μ以下	NC画面動作誤差確認	1/M	
	Y軸	サーボトレース（動作誤差）	2μ以下	NC画面動作誤差確認	1/M	
	B軸	サーボトレース（動作誤差）	6μ以下	NC画面動作誤差確認	1/M	
	X軸	ボールねじ・リニアガイド	グリス切れナキコト	目視確認	1/3M	動き悪く故障につながる
	Z軸	ボールねじ・リニアガイド	グリス切れナキコト	目視確認	1/3M	
	Y軸	ボールねじ・リニアガイド	グリス切れナキコト	目視確認	1/3M	
	B1軸	砥石軸振れ（テーパー）	5μ以下	ダイヤルゲージ確認	砥石交換時	歯車精度NG
		砥石軸振れ（端面）	25N·m			
	Y軸	サポートBrg増し締め	25N·m	トルクレンチで確認	1/2M	サーボトレースが大きい
	Z1軸	アキュームレーター	13〜13.5MPa	圧力確認	1/W	ドカ停
	C軸	潤滑油劣化	潤滑油交換 1.8L		1/Y	かみ合いムラ

5. 結果まとめ

　良品条件として当たりの基準とその測定はサーボトレースでやるということを決め、新しい保全基準に入れることで、歯形うねりによる手直しをゼロにすることができた。

　設備保全活動が従来は設備機能を満足するだけだったが、これをきっかけに良品条件を保証する設備保全に考え方が変わることとなった。

事例4 「設備保全による歯形うねり手直しゼロ」の解説

　設備保全活動と品質は大きな関係があります。特に設備の精度が劣化すれば品質問題が発生するのは確かです。しかし品質問題と設備が直接つながるかは分かりません。加工点で品質を決める良品条件が大事で、設備が劣化するとこの良品条件が崩れるということで、崩れたことの原因追究は必要です。ここでは先ず歯車製品の歯形うねりという不良現象と加工原理を理解することが大事です。砥石とドレスの当たる加工点とこの状態を良品条件で決めています。この不良は砥石のダメージが製品に転写するものであり、砥石にダメージが発生しないような砥石歯形のドレスという再研磨加工での良品条件を追求しました。今回はこの加工点を分かりやすく図で説

明しています。

　ドレス加工点を構成する設備としては、ドレスユニットと砥石ユニットがあり、ここでは砥石ユニットの設備保全活動の話が中心です。構造はリニアスケールの上に砥石ユニットが乗っていて、ボールネジで動いています。設備を分解してボールネジの摩耗が分かりました。サーボトレースで摩耗して変化する様子をデータ化し、指示と実際の停止位置のデータに差やバラツキがあり、これが良品条件を狂わせていました。

　ここから先は専門保全の活動です。サーボトレースでデータ化ができたので、今後は品質の良品条件管理や設備の予知保全として使うことができます。保全部隊は設備に強く、品質との因果関係は理解しているため話が飛びやすく、直ぐに修理して品質が良くなったと説明しがちです。ストーリーとしては良品条件として整理しないと、設備保全の重要性が伝わらなくなります。設備保全は設備管理基準を持っていますが、加工点の認識があいまいなため、良品条件に一歩離れる場合があります。この事例は加工点の良品条件から設備ユニットの設備保全で良品条件保証した典型的な事例です。

■[事例5]
自主保全による樹脂微粉除去と異物不良ゼロ

1. はじめに

　活動ラインは自動車の電動ウォーターポンプで使用するロータを生産している。電動ウォーターポンプはエンジン内へ冷却水を循環させる機能を持っている。この工程ではマグネットをPPS樹脂でインサート成形を行っている。自動車の電動化にともなう拡販にむけ生産性向上が必要となっている。

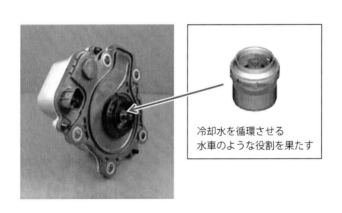

冷却水を循環させる
水車のような役割を果たす

図5-1　今回の対象製品

2. ロスの定量化

ロスを項目別に見ると、チョコ停が最も多いが、工程内不良では異物不良が40%を占めている。今回は工程で不規則に発生する黒色異物の排除に取り組むことにした。

表 5-1 工程内不良ロスの内訳

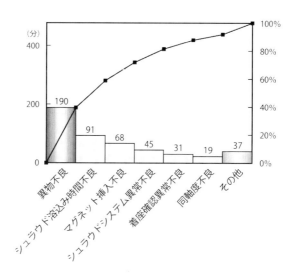

3. 加工点構造図

加工点の周りに4つのユニットが存在する。樹脂供給ユニット、可塑化ユニット、計量ユニット、樹脂射出ユニットである。樹脂供給ユニットでは樹脂ペレットをホッパーまで圧送する。可塑化

ユニットでは樹脂ペレットがホッパーからスクリューに送られ、回転しながら熱を与えることで溶融される。計量ユニットではプランジャを押し上げて充填樹脂の計量をする。樹脂射出ユニットではシャットオフノズルがさがり溶融樹脂を設定値まで型内に流し込む。

4. 黒色異物の調査

表面に露出しておらず、PPS樹脂に埋まっているため成形途中に混入したと考えられる。炭素が主体の有機物でPPS母材と同等の成分のため、PPSの劣化物であることがわかった。

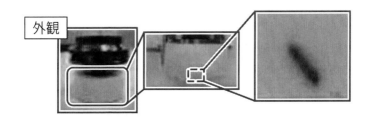

図 5-3 製品の黒色遺物

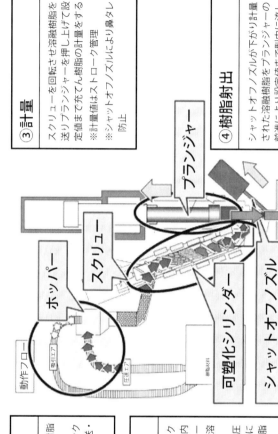

①樹脂供給

140℃で昇温した乾燥機にて樹脂ペレットの水分を除去する。
乾燥させた樹脂ペレットをタンクから樹脂材ホッパーまでを圧送・吸引エアを使用し送り供給する

②可塑化

ホッパーに送られた樹脂がスクリュー回転し可塑化シリンダー内に送られる可塑化シリンダーヒーター熱（33℃）により樹脂材を溶融させる。
スクリューにて樹脂を送り込み圧力をかけることで熱をペレットにまんべんなく与えることで樹脂ペレットが溶融される
※ヒーター温度は熱電対で監視

③計量

スクリューを回転させて溶融樹脂を送りプランジャーを押し上げて設定値まで充てん樹脂の計量をする
※計量値はストローク管理
※シャットオフノズルにより鼻タレ防止

④樹脂射出

シャットオフノズルが下がり計量された溶融樹脂をプランジャーの前進により設定値まで型内に流し込む

図 5-2 加工点構造図

5. 主要良品条件の確認

成形機の条件20項目について調査したが、全て問題なかった。

表 5-2 主要良品条件

点検項目	許容値	測定値	判定	備考
プランジャー摩耗	φ27.985〜27.995	φ27.992	○	クッション量にて代用監視
シリンダー摩耗	φ28.015〜28.045	φ28.040	○	
クッション量	1.6mm〜3.4mm	2.85mm	○	常時監視
Z0	320℃±10	319.6℃	○	常時監視
Z1	320℃±10	319.8℃	○	常時監視
Z2	320℃±10	319.8℃	○	常時監視
ZP	300℃±10	299.5℃	○	常時監視
熱電対精度	設定値±2℃	±1℃	○	1/Y実施
シリンダー内樹脂滞留	10分以内	−	○	設備インターロック
射出圧			○	常時監視
スクリュー摩耗	φ27.59〜27.592	φ27.591	○	計量時間にて代用監視
シリンダー摩耗	φ28.00〜28.033	φ28.018	○	
計量時間	8〜20s	9.44s	○	常時監視
スクリュー回転数	100rpm	100rpm	○	
ZJ	330℃±10	329.7℃	○	常時監視
Z4	330℃±10	329.8℃	○	常時監視
Z5	330℃±10	329.7℃	○	常時監視
Z6	330℃±10	319.6℃	○	常時監視
熱電対精度	設定値±2℃	±1℃	○	1/Y実施
シリンダー内樹脂滞留	10分以内	−	○	設備インターロック

6. 実態調査

　成形機を分解して冷却後のスクリューを確認すると、樹脂ペレットが溶融する前の部分に黒色異物の付着が確認された。また、ホッパー内に約 100g の樹脂粉の貼り付きが確認された。この樹脂粉は樹脂ペレット同士の擦れ、樹脂ペレットと配管との擦れで発生する。一度の樹脂ペレット輸送時間を変えて実験をした結果、輸送時間が短い方が樹脂粉の量、帯電量ともに少なくできることがわかった。

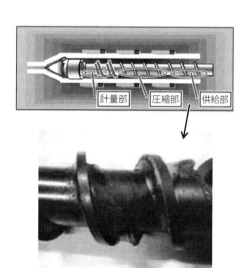

図 5-4　スクリューの黒色遺物

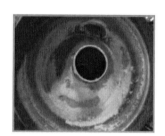

図 5-5　ホッパーカバー部の樹脂粉

7. 樹脂焼けの理論

　PPS（ポリフェニレンスルファイド）の特性は、難燃性で耐摩耗性、電気特性が優れている。樹脂ペレットと共に圧送された、樹脂粉がホッパーより可塑化シリンダ内に入りスクリュー部位の可塑化ゾーンにて溶融前状態に入るが、溶融した樹脂が時間とともに可塑化ゾーンに存在する大気中の酸素と結合し、酸化が始まり熱伝導も良い特性を持つ樹脂であるために変色する。

8. 樹脂粉の加熱試験

　樹脂粉と樹脂ペレットを330℃まで加熱し30分保持したところ、樹脂ペレットは変色しないが樹脂粉は黒く変色した。これで樹脂焼けの理論を検証することができた。

樹脂ペレット　　　　　　　樹脂粉

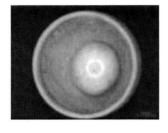

図 5-6　加熱試験後品

9.　自主保全

オペレーターが一週間に１回シリンダ内のスクリューを洗浄するため、洗浄剤を入れて炭化物を排出させる定期清掃を実施しているが、炭化物を完全に排出できないのが実情である。

10.　ホッパーの解析

ホッパーの内部は稼働時見えない構造であったため、上部、下部をカットし透明の樹脂版を装着することで見えるようにした。この可視化モデルを使いホッパー内でなにがおこっているかを確認した。樹脂粉が先にホッパーに到達し舞い上がり、後から樹脂ペレットが到着することがわかった。

図 5-7　ホッパーの可視化モデル

11.　異常発生メカニズム

樹脂粉が樹脂ペレットとともにホッパーへ送られ、帯電した樹脂粉がホッパー上部に堆積する。この樹脂粉が設備の振動で不規則に落下し、スクリューへ進入し、黒色異物の原因となることがわかった。

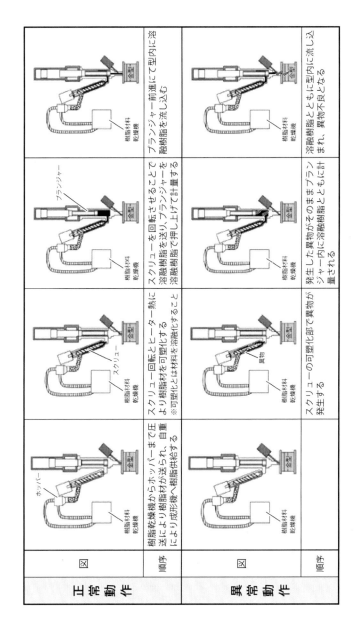

図5-8 正常時、異常時のコマ図

12. ホッパーの原理・原則

ホッパーの原理は、輸送された樹脂材から、樹脂粉を分離して樹脂ペレットをスクリューへ送ることである。

そこで、樹脂粉が堆積しないホッパーが必要となった。

ホッパーの原則は①ホッパー内で樹脂粉を分離できていること、②上部から樹脂粉を負圧で吸引できていること、③樹脂粉の帯電を防ぐ、除電すること、である。

13. 良品条件の追加（新）

ここで、「樹脂粉が可塑化ゾーンにないこと」を良品状態とし、付帯良品条件として

- 樹脂材圧送負圧確認の追加（吸引負圧力、圧送時負圧）
- 樹脂送り条件設定（負圧時間設定、樹脂切出し時間）
- 除電用アース設置

の3つを追加した。

図 5-9 付帯良品条件関連設備

14. 自主保全の継続

　上記の新良品条件を管理値へ落とし込み管理することでホッパーへの樹脂粉への堆積は95％低減できた。これにより、定期の自主保全が非常に容易になるとともに、黒色異物不良ゼロを達成することができた。今後は洗浄が主体であった自主保全でなく、設備の微欠陥を見つけ改善する本来の自主保全へ移行していく。

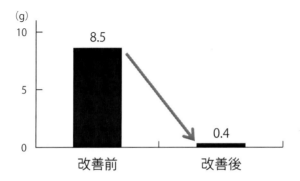

図 5-10　樹脂粉採取重量

事例 5「自主保全による樹脂微粉除去と異物不良ゼロ」の解説

　自主保全は、製造が設備に強くなり、保全や改善をすることにより品質不良の発生や品質のバラツキを抑える活動です。この事例では、品質Aの要求特性は満足しているが品質Bの焼け不良や異物不良が発生しています。良品条件はできていて、段取り標準として洗浄剤を使ってスクリューのクリーニングをやり、また不規則型のトラブルを抑えるための日常点検清掃として、材料供給系統にある微粉除去用のホッパーの清掃と静電除去の確認等を、従来からの基本通りにはやっていました。しかしある限度以上は良くなりませんでした。品質要求はますます厳しくなり、また一方では異物不良が発生しやすい材料が増えてきています。このままでは洗浄剤を使った回数を増やすとか、不規則な点検清掃など製造の負担が増えるばかりです。

　そこで発生源の追求から始めました。不良の成分分析をし、材料と同じ成分であることが分かりました。加工原理や設備構造の理解をし、いま持っている主要良品条件は全て良い状況でした。ここから先がこのチームの凄いところです。もう一度原点に戻り設備を分解しスクリューを調べ、またホッパー内の微粉を調べました。微粉があることとスクリュー内で異物焼けが発生し易くなる過程の調査は、自主保全でなけれ

ばできない内容でした。材料搬送とホッパーの遠心分離による微粉除去には、一般的なメーカーの基準ではなく、要求品質特性を理解し、この材料の特性に合った条件が出るような構造や管理方法を工夫する必要があることが分かりました。微粉が焼け不良の根本であり、この微粉を除去するためには、その装置をよく理解し、必要なら改善や改良をしてでも十分満足する良品条件を設定しなければなりません。今回はホッパーの改善とその付帯良品条件の設定をしました。自主保全の代表的な事例です。

2.2 演習事例

シャープペンシル芯折れの良品条件解析

1. 狙い

　このシャープペンシル事例は、誰でも身近で体験していて分かり易く、単純だが理論もあり、実際に訓練するには丁度良いテーマです。シャープペンシルの芯折れについて、良品条件解析シートの手順で説明します。シャープペンシルは文字を書く道具と設定します。ここで品質は、例えば漢字やひらがな等で書かれている文字であり、芯折れの状態で書くと欠損文字か変形した文字不良になり、書き損じになる可能性があります。

　実際には、文字を書いている最中に芯折れしても、すぐに手直ししてしまうので気が付きませんが、ロボット化など自動化すれば、1回で即、不良発生となるので、芯折れのない良品条件の基準が必要です。また芯折れだけではなく、芯が短くなれば書きにくいし長くなれば弱くなって文字が強く書けないという品質問題が発生します。そこで、芯の劣化や摩耗の問題もありますが、今回は芯折れを中心に、解析のやり方を覚えることを狙いとします。

　この良品条件の基準は、実際はカンコツとして日常の体験や教育などを通して身についている為、文字を書いている状態を見ると、文字の形や書き方には個人毎に特徴やくせがあるものです。

また実際に書いている最中に芯折れが発生する文字は、ひらがなでは（あ、い、う、し、つ、や）など、短い区切りや連続の線があり、力がばらつく場合に発生しやすいものです。これらは要注意の困難文字となります。一度自分はどの文字が問題か、特徴を調べてみては如何でしょうか。

2. 解析の進め方及び前提条件

　ここで芯は一定の強度を持ち、折れにくく強い芯とか濃く書ける柔らかな芯という選択はないとします。今回は解析の手順通りにアプローチして、芯折れの良品条件を追及します。

　手順表は7つに区分されています。良品条件解析のアプローチの手順より多いですが、必要に応じて細分化は構いません。早く答えを出したい為に手順を飛ばして対策だけをやることが多々ありますが、必ずこの手順でやってください。また一度では無理ですので、同じ手順を1回目、2回目というように繰り返してやってください。ここでは加工原理・構造と原則および不良発生の物理的な見方を解析の都合上で分けています。また実験計画の欄と可視化やモニタリングの欄も増やしています。

3. 解析アプローチの説明

　書式のみの用紙（図1）を使って順に説明します。先ずはテーマの設定です。ここではシャープペンシルの芯折れという言葉とその状態が書かれています。不良の言葉は現象であったり状態であったり、または原因名や工程名や部位名であったりとか、正しく表していない場合が多いものです。

　最初に事実の状態をつかみ、正しくかつ皆が分かる言葉にすることが大事です。ここでは加工点としてシャープペンシルを手に持っている図があり、実際には芯が折れた瞬間は分かりますから、その状態を絵図に手書きで書いてください。芯が折れた状態を図2の一番上の欄「不良現象とその起こり方」に書き入れます。

　切削の刃具折れや電線の断線では、折れ口の破断面の状態を調べることが重要ですが、今回は省きます。が、発生位置はつかんでください。

　加工の原理や原則及び構造などは、できるだけ物理や化学の言葉を使ってください。一般には中学校の理科に書いてあることが世の中の基本ですので、この位のレベルで表わしてください。ここでは「芯の強さと芯に対する応力の比較」で折れたり折れなかったりするということです。

4. 状態の確認

　シャープペンシルのつかみ方は人により相当違いますので、一定にしてください。

　連続動作とそのメカニズムを把握し、加工条件も確認します。動作が早い場合はビデオを撮り、ゆっくり再生することでよくわかります。ここでは順に動作をやりながら、その中でポイントとなる動作を書いてください。まず芯を出すこと、次はシャープペンシルをつかむ、書く紙に芯を当てる、文字を書き始めるという順番で動作の状態を順に書いてください。新聞漫画では4コマでストーリーが説明できます。ここでは加工条件である押す力や芯の長さ及び角度などを変えながら、実際にいろいろ動かして試してみてください。

5. 不良発生の物理的見方

　すでに加工点のベクトルにより強度と応力の関係で発生することは分かっています。芯が折れる位置もわかっています。ここではモーメント力の問題で、芯が折れる点で応力が掛かる状態を、図と計算式で表します。加工点がベクトルの理論的な図になりました。

6. 実験計画の立案と実験および測定

　実際にシャープペンシルを手に持ち、芯を長くしたり、強く押したり、角度を変えたりして芯が折れる状況を試してみると、何をどのように測定したらよいかが分かるようになります。測定する道具を持ち、定量化します。安定した領域や不安定な領域などのバラツキも見えます。シャープペンシルという人のカンコツの世界だったことが、やっと数値で表現できるようになります。良品条件の第一歩が始まり、理論的な意味も理解できるようになります。実際に決まった数値と感覚的に良いと感じた範囲は、実感とはそんなに違ったものにはなりません。芯の長さや角度とか押す力を測定し、データ化してみてください。

7. 加工点サブシステムの良品条件

　理論的整理だけでなく、管埋方法を考え、その管理標準を作らねばなりません。人の作業ですから訓練や実習をしないと自己流になってしまいます。企業内では技能道場やOJTなどで必ず教育訓練をしています。ビデオを使って自分で自分の姿を確認することも良いことです。

8. 可視化やモニタリング

これは必要に応じて大いに使ってください。この活動はあらゆる分野に広がっており、映像を撮り、現地、現物、現実という三現主義を実行するのに一番良いやり方です。撮影しただけで自分のことが良く分かり、問題が解決できたという話はたくさんあります。

9. 最後に

図3の完成事例を見てください。基本のやり方や考え方を理解し、自分の強みと弱みを知ることが目的ですから、早くできたから良いのではなく、何度も読んで確認してください。

また白紙の用紙でもう一度やってみてください。

テーマ	シャープペンシルの使用時芯折れ			
不良現象と その起こり方				
加工原理 構造と原則				
連続動作 メカニズムと 加工条件	①芯を出す	②つかむ	③紙に当てる	④字を書く
不良発生の 物理的見方				
実験計画				
加工点サブ システムの 良品条件				
可視化 モニタリング				

図1

良品条件解析演習

テーマ	シャープペンシルの使用時芯折れ

現象図示

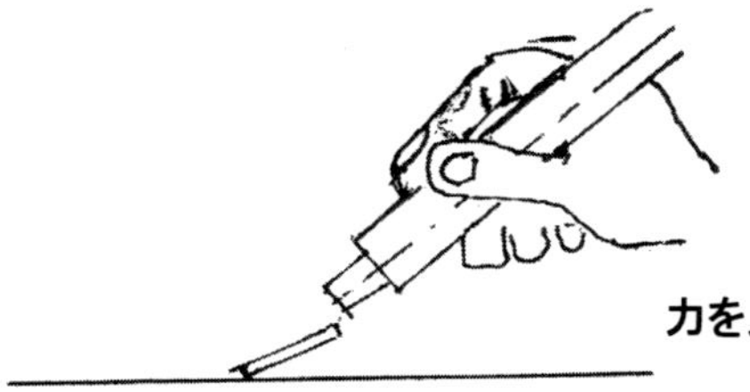

力を入れると折れる

なぜ折れるのか、原理及び4連続動作分析からその折れる物理的見方で、メカニズムにせまる。基本加工(作業)条件をクリヤーにして、その条件の点検、測定、記録を行う。

現状説明と現象把握

(1) 芯を長く出すと折れる。
(2) ペンシルを傾けると折れる。
(3) 力を入れたとき折れる。

⇩

加工点可視化のStep展開で進める

図2

テーマ	シャープペンシルの使用時芯折れ
不良現象と その起こり方	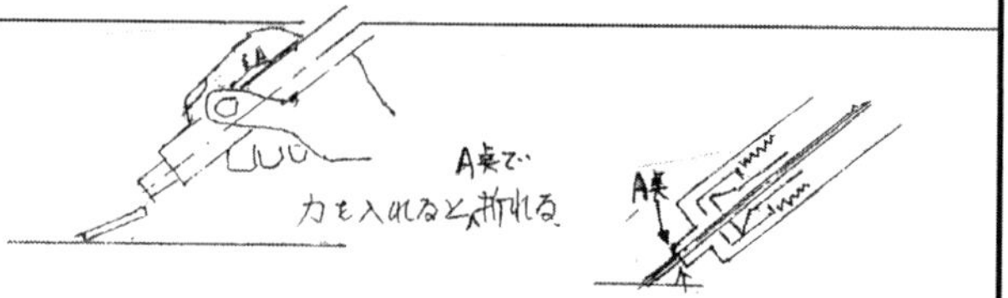 A長で力を入れなどと折れる
加工原理 構造と原則	芯の強度＞芯に対する応力 → OK 芯の強度＜芯に対する応力 → 折れ
連続動作 メカニズムと 加工条件	①芯を出す ②つかむ ③紙に当てる ④字を書く 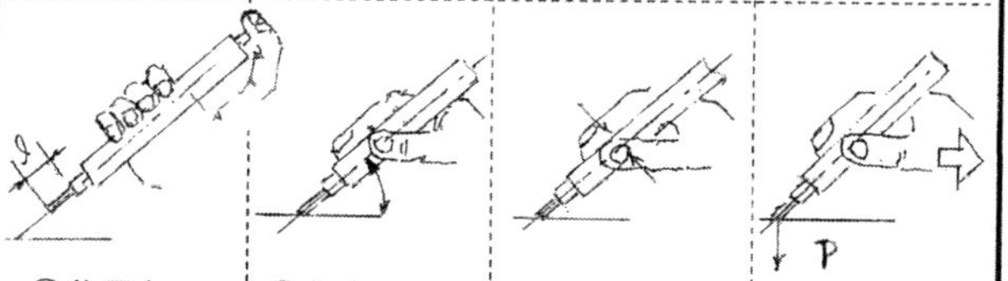 ①芯長さ ②角度合せ ③位置決め ④押す力
不良発生の 物理的見方	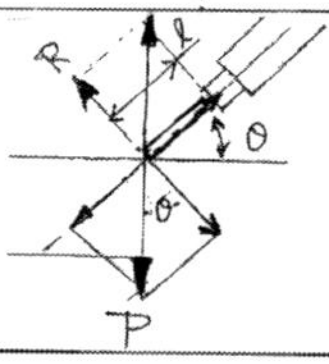 モーメント力（芯を折る力） $T = P \times \cos\theta \times \ell = R \times \ell$ （R）
実験計画	角度（分度器で測定） 芯の長さ（ものさし）　　これらを要因に実験 力の入れ具合と文字の濃さ
加工点サブ システムの 良品条件	良品条件＝A点で働く力＝　・出す芯の長さ　1〜2ミリ 　　　　（モーメント力）　・ペンを持つ角度　約40度 　　　　　　　　　　　　　・押す力 　　　　　　　　　　　　　・ペン自身の機能 　　　　　　　　　　　　　　（芯の強さ）
可視化 モニタリング	芯の長さの目視・測定

図3

まとめと今後の課題

　品質管理は普及したが要求の変化の方が早く、必ずしも品質問題の解決は進んでいません。極限加工が要求されている現代では、ものづくりの攻め方を変えてゆく必要があります。それには、良品条件そのものと良品条件マネジメントの両面から考える必要があります。この本の内容が多岐に渡り、多少複雑な構成ですが、ポイントを整理して本に纏めているので、この点のご理解をお願いします。

　ものづくりの主役は設備や治工具であり、これらは単に鉄の塊ではなく技術の結晶のかたまりです。そこでは製品づくりに必要な良品条件を決めたら、設備や治工具でその良品条件を作り、保証すると考えることです。

　我々は品質問題解決のため、過去からいろいろな技術を積み上げてきました。それには大きく3つの方向がありました。「原因追究」と「事実の把握」および「予防保全」です。

・原因追究は、問題に対し常にその原因は何かと問いかけてゆくことで、一番の基本です。物事は全て因果関係で繋がっていて、その関係を解きほぐし、真の原因にたどり着けば問題は解決するわけですが、実際は何故を繰り返すのみになってしまいました。

・事実の把握は、現地・現物・現実という3現主義と言われてましたが、今これが一気に主役になりました。ビデオや各種

カメラ、動画、ドライブレコーダー、シミュレーション、モニタリングなど各種の機器の発展により、現場の事実の状態が、現場でなくても全員で確認でき、記録に残りかつスローで再現できます。しかも見えるようになると、状態の変化やそのプロセスとかメカニズムは何か、加工原理や構造はどうなっているのかと深掘りするようになってきました。何故と言わなくても真の原因にたどり着くアプローチができるようになってきました。

・予防保全は設備管理の中から発達しました。設備故障に対し再発防止をするだけでなく、もっと早く発見できなかったかと問いかける事で、いろいろな問題にこの考え方を適応することです。最近のあらゆる機器やシステムでは、その信頼性向上の為に異常検知で早期発見、早期警報や停止および早期復旧などの仕組みに作られています。その為の各種センサーやNC装置およびモニタリング等が発達しました。これらは難しい診断技術ではなく、ただ取り付ければすぐに使えるという世界から始まっています。これが特に品質予防の観点から、品質信頼性の高い生産システムして使われています。

＊全て良品条件に帰結します。

今後は従来の活動に加え、この取り組みが最重要となります。ものづくりでは、品質規格を満足する良品条件で加工しており、不良発生とは品質規格から外れたことを言います。その場合でも、

良品を作る良品条件の追求から始める事です。その中で、品質問題とは加工点毎の良品条件の決め方や管理に問題があると考える事です。あくまでも対策ではなく、良品を作る加工技術の確立が狙いです。

　従来からTPMでは品質保全に取り組んできました。ものづくりの加工原理に基づく加工点の構造やメカニズムを理解できるようになりましたが、現場には各種の基準や標準類が溢れています。特に極限加工になると、加工理論を成立させる良品条件の構成を明らかにし、理論通り成立する良品条件の定量化と管理の追求が必要になってきました。

　問題解決には、良品条件の周辺を探っているだけでなく、もっと良品条件の本質のところから攻めないと問題が解決しないのではないでしょうか。

　＊良品条件活用における要点は、
　　・良品条件を明確にして不良ゼロを実現する
　　・良品条件の追及維持は未然防止として完結させる
　　・良品条件を工程設計段階から考える
などが究極の目標です。

　ぜひ本書で示した良品条件マネジメントをお勧め致します。また多数の皆様方のご意見をお願いいたします。

　本書は「長田貴：良品条件追求型の品質マネジメントの提案、日本設備管理学会誌,Vol,31、No,1,pp23-33 (2019)」, 及び「プラ

ントエンジニア誌Vol,52、Vol,53」を基に、新たに加筆および修正したものです。

　（株）GNNの川瀬武志先生および青山学院大学の松本俊之教授には大変なご支援を頂きました。また日本プラントメンテナンス協会及び資料提供を頂いた各社には多大なご協力を頂きました。更に出版に際しては（株）三恵社の日比享光様に大変お世話になりました。当研究所の雪嶋奏氏にもお世話になりました。それぞれ厚く御礼を申し上げます。

参考文献

[1] 中井川正勝:「スキル管理―微欠陥一掃による完全生産の実現」、日本能率協会マネジメントセンター(1993)

[2] 川瀬武志:「IE問題の解決」、(株)ジー・エヌ・エヌ

[3] 白勢国男、木村吉文、金田貢:「PM分析の進め方」、日本プラントメンテナンス協会(1990)

[4] 髙橋義一、長田貴:「全員参加の設備指向マネジメントTPM」、日刊工業新聞社(1985)

[5] 土屋正司:「MQMによる不良ゼロへの挑戦」、日本能率協会(1989)

[6] 長田貴、土屋正司、中西勝義:「ものづくり改革のためのTPM」、日刊工業新聞社(1997)

[7] 日本プラントメンテナンス協会編(中島清一・白勢国男監修):「生産革新のための新TPM展開プログラム〜加工組立編」、日本プラントメンテナンス協会(1992)

[8] JIPMソリューション加工点の見える化研究会:「加工点の見える化技術」、日本能率協会コンサルティング(2008)

[9] (株)アイシン:良品条件発表会報文集(2004〜)

[10] アイシン高丘(株):TPM発表事例集

[11] (株)アイシン福井:TPM発表事例集

[12] (株)三五:TPM資料

[13] (株)コジマ:TPM資料

[14] 山田昌也:「ワークヘッドと良品条件からのもの造り」、IEレビュー(2013)

[15] 長田貴:技術論文「良品条件追求型の品質マネジメントの提案」、設備管理学会(2019)

[16] 長田貴:「良品条件追求による品質志向のTPM」、プラントエンジニア2020年7月号(日本プラントメンテナンス協会)

[17] 長田貴:「良品条件マネジメントの事例紹介」、プラントエンジニア2020年8月号(日本プラントメンテナンス協会)

振り返ってみれば

　TPMに関わり始めてから50年が過ぎました。設備管理としてアメリカから導入されたPM（予防保全）は、プラント型の業界から順次導入され、成功を収めました。また加工・組立て型の企業でも、機械化や一貫化などが進み、ＰＭの必要性が増すと共にその導入が始まりました。プラント設備はシステムとしての信頼性追求が大事ですが、加工組立て型企業では、多品種の製品を一個ずつ良品にする事が最重要な事で、しかも要求は日々進化し、変化しています。一方、専門の設備保全マンは少なく、設備管理には、人員の大多数を占める製造の力が必要になりました。そこで全員参加で自主保全を柱とする活動が広がり、TPMとして発展し、日本の産業界へ大いに貢献しました。

　特に指導を受けた高橋義一様には、最初から"君は設備と品質の関係に取り組みなさい"と言われ、ズーッとこのテーマを追いかけてきたように思います。それは生産現場に行けば、必ず品質問題が絡んでくるからです。

　若手だったころ、衝撃的な活動がありました。そこでは徹底的に設備の不具合や微欠陥をなくすとして分解・清掃・点検をやっており、不良も生産性も極限まで良くなっていました。難しい事を言っているわけではないが、設備管理の価値と重要性およびその進め方を改めて認識させられました。

　一番の転機になったのはＡ社で、トップからは品質中心のTPM

で、他社がどこもやってないレベルのTPMをやって下さいと言われたことです。この企業のこだわりは、TPMにとっても私にとっても、新しい発想をする事、常にトップレベルを目指す事というプレッシャーと共に、企業ぐるみで全部門が一丸となって取り組む姿勢があり、ここで育てられたという気がします。担当窓口の幹部からは、わが社はTPMのトップを目指しますが、あなたもわが社の活動を通してトップレベルの指導者になって下さい。わが社をその土台にして下さい、バックアップしますと言われ、そんな力はないが中途半端ではいけないと、目を覚まされたことを思い出します。人は磨き、磨かれて育つものだと思います。

　最初のころは、当時流行し始めた原因分析を理解する事と、設備と品質の関係を追求するM-Q分析という手法を作る事でした。これで設備保全とはもう一つ違った設備の見方ができるようになりました。次に、自主保全が広がり始め、この自主保全と品質の関係の追求が必要になりました。製造の設備点検表は何のためにやっているのかを調べると、安全や故障防止もありますが、製造の設備点検はその60～70%は品質不良発生防止のためにやっていると教えられました。これは大変なショックでした。生産現場では必要に応じて、TPMと言わなくても実際にやっているのに、それに気づいていない事でした。そこでこの点検部位を品質コンポーネントと名付け、自主保全の主役としました。実際に設備で製品品質を作り保証する事を、生産現場では必要性から実践している訳です。しかしその部位がなぜ品質に重要なのかはここから

では分かりませんでした。

　その後、世の中は第4次産業革命と言われ、デジタル化が進み問題解決方法が変わってきました。従来から品質問題の解決には原因分析が大事だと言われ、その為の手法がいろいろ開発されましたが、不十分でした。もう一つの問題解決の手段として、事実の把握が大事だと言われてきましたが、実際は思ったほどできませんでした。しかし発生した事実を確認する手段が、高速ビデオなどの可視化ツールや、各種解析技術の発達と共に、事実の状態として見え、それが拡大やスロー動作など自由自在に操作できるようになりました。しかも見えてくるとこれだけに留まらず、加工の構造やプロセスを、果ては理論まで気が付かせ、良い状態と悪い状態で把握できるようになり、原因追究と言わなくても具体的に手が打てるようになりました。

　更にもう一つ変わってきたことは、問題解決の仕組みの考え方です。PMでは故障になる前の異常を、早く発見し、早く手を打つという予防保全を追求しますが、これを生産システムとして構築する事です。

　ここでは特に品質を中心としたシステム設計で、異常を見るための手段が、人間の五感でなく設備機器で出来るようになりました。センサーやタイマー、過電流検知、NC機能やサーボ機構、エンコーダー、各種エアー機器などで、設備診断技術とはもう一つ違った技術が発展し、これらを自由に駆使できるようになりました。設備設計では、信頼性を高める為にシェアーピンやブレー

カー又は予備機など、元々から弱点設計や冗長設計などのシステム設計をしていますが、トラブルになる前に異常で検知でき、その段階で早く手を打てば問題なく機能を果たせます。これを品質異常の発生と関連付けてシステム化してきました。世の中のあらゆるシステムや機器はこれで進化しています。正に家の防犯システムみたいなものです。

　このように仕組みやシステム化では進化しましたが、製品側からの要求が高くなるばかりなのに、本来取り組むべき、良いものを作り続ける技術やシステムを作るには、どのような考え方で、どのように進めてゆけば良いのかの研究は足りませんでした。製品やシステムでは開発や設計者だけが進化するのではなく、それを具現化する実行部隊に分かってもらい、間違いなく実行できる仕組みや制度が必要です。これには問題発生からではなく、理論が理論通り成立し、問題が起こるはずがない良品条件の原理や構成はどうなっていなければならないかを追求する事です。原因追究から入っていくのではなく、良い状態や条件は何なのか、維持されているのかどうか、それが崩れ、維持するにはどうしたらよいかを追求する事です。

　設備が故障すれば設計図を基に現物を分解し、劣化や破損部位を交換すれば機能は元の正常な状態に復帰できます。後は必要により劣化防止や保全方法を研究します。このように問題発生に対し、良品を作る加工技術としてとらえ、本来持っている構造や良品条件に戻し、それを進化させることです。不良発生の追究では

なく、品質の骨格を構成する良品条件を持っているのになぜ良品ができなかったのかを追求する事です。良品条件の何が崩れ、何を変えてゆかねばならないのかを考える事です。ここでは、その取り組み方を変えてゆくための考え方や方法論が説明できたら良いと思います。

　最後に、恩師の川瀬先生には、良品条件を口で言っているだけではなく、理論的にまとめなさいという事で、論文の成立まで引っ張って頂きました。その後、この良品条件の理論が実際の現場で、制度や仕組みとして運営できないと本物にならない、そこまで考えなさいとのご助言を頂き、今回の出版に至りました。この本では各種の事例を紹介するだけでなく、実務でどのように実行されてゆくのかという事に多くを割きました。

　最初の論文の成立から今回の良品条件の出版まで、大いに背中を押され、ご支援を頂くと共に最後まで見届けて頂き、川瀬先生および松本先生には本当にありがとうございました。

　また本をお読み頂いた皆様には多数のご意見を頂ければ幸いです。

長田　貴

● 長田 貴　Osada Takashi

略　歴
慶応義塾大学　理工学部管理工学科卒（1969）
社団法人　日本能率協会コンサルティング入会（1970）
生産保全技術研究所　設立（1980）

当研究所　所長
TPM 賞審査委員

著　書
全員参加の設備指向マネジメント TPM　共著　日刊工業新聞社
ものづくり改革のための TPM　共著　日刊工業新聞社
手作りのマネジメント手法　5S　JIPM ソリューション
巻紙分析　共著　日本プラントメンテナンス協会
論文「良品条件追求型の品質マネジメントの提案」　設備管理学会

主な指導会社
(株)アイシン、東京エレクトロン(株)、(株)トヨタ自動車(株)、
ヤマハ発動機(株)、(株)リコー、横浜ゴム(株)、リンナイ(株) など、
約 100 社

● 良品条件マネジメント（品質指向のTPM）

2024 年 9 月 1 日　初版発行

著　者　　長田　貴
発行所　　株式会社　三恵社
　　　　　〒462-0056　愛知県名古屋市北区中丸町 2-24-1
　　　　　TEL 052-915-5211　FAX 052-915-5019
　　　　　URL https://www.sankeisha.com

本書を無断で複写・複製することを禁じます。乱丁・落丁の場合はお取替えいたします。
ⓒ2024 OSADA Takashi　　ISBN 978-4-8244-0002-4